NOUVEAU BAC

PROF

Collection initiée par Georges Décote

MOLIÈRE

Le Malade imaginaire

(1673)

Hubert Curial
Professeur des Universités

Hatier

Maquette intérieure : Studio Favre & Lhaïk
Mise en pages : Pamela Cauvin
Suivi éditorial : Charlotte Joumier

 ISBN 978-2-401-06374-7

SOMMAIRE

FICHE PROFIL

Le Malade imaginaire (1673)

MOLIÈRE (1622-1673)

THÉÂTRE CLASSIQUE, XVIIE SIÈCLE

RÉSUMÉ

Prologue de 1673. Flore et Pan, deux divinités champêtres, invitent bergers et bergères à célébrer les victoires de Louis XIV. Pour le divertir, tous décident d'interpréter une comédie.

Acte I. Argan détaille la facture mensuelle de ses traitements médicaux. Angélique, sa fille, confie à Toinette, la servante, qu'elle aime éperdument Cléante. Mais Argan a décidé de la marier avec Thomas Diafoirus, le neveu de M. Purgon, son médecin traitant. Béline, sa seconde épouse, apaise Argan, le console et, avec l'aide d'un notaire véreux, se fait désigner son héritière exclusive.

Premier intermède. Polichinelle donne la sérénade à Toinette.

Acte II. Déguisé, Cléante donne à Angélique une leçon de chant. Suspicieux, Argan le chasse. Angélique éconduit Thomas Diafoirus et se querelle avec Béline. Survient Béralde, le frère d'Argan, qui lui offre un divertissement.

Deuxième intermède. Des bohémiens chantent l'ivresse d'aimer quand on est jeune.

Acte III. Entre les deux frères, la conversation porte bientôt sur la confiance qu'il faut ou non accorder aux médecins. Déguisée en médecin, Toinette donne à Argan une très burlesque consultation. Redevenue servante, elle lui propose de faire le mort pour tester les réactions de sa femme et de sa fille : Béline se réjouit, Angélique se désespère. Argan accepte que sa fille épouse Cléante et Béralde lui propose de devenir son propre médecin.

Troisième intermède. Lors d'une cérémonie carnavalesque, Argan est élevé au grade de docteur.

PERSONNAGES PRINCIPAUX

- **Argan** : « Malade imaginaire », époux crédule et père tyrannique. Un cas médical: pourquoi tient-il tant à être malade?
- **Toinette** : Servante d'Argan, enjouée, ingénieuse, femme de caractère et complice d'Angélique.
- **Béline** : Seconde épouse d'Argan, hypocrite et rusée. Elle tente de capter à son profit la fortune de son mari.
- **Angélique** : Fille d'un premier mariage d'Argan, amoureuse de Cléante, généreuse, décidée à défendre sa liberté et à faire valoir son droit au bonheur.
- **Diafoirus père et fils** : Médecin et futur médecin, tous deux stupides et fiers de l'être, à qui la guérison de leurs patients importe peu. Thomas, le fils, un grand benêt, est le gendre que souhaite Argan.
- **Béralde** : Frère d'Argan, avocat d'Angélique et de Cléante, homme raisonnable, qui aime argumenter et qui ne fait aucune confiance aux médecins et à la médecine.

AXES DE LECTURE

1. Une comédie-ballet

Genre créé par Molière, la comédie-ballet entremêle danses, musiques et chants pour créer un spectacle total

2. Une satire de la médecine et des médecins

Comment faire confiance à des médecins ignares et souvent cupides? La médecine est-elle une science ou une mascarade?

3. Une pièce comique

Molière recourt à toute la gamme des procédés comiques, des plus élémentaires aux plus élaborés. Il s'agit sans doute de sa pièce la plus comique.

4. Un théâtre en liberté

Toute de fantaisie, la pièce ne respecte aucune des règles de la dramaturgie classique.

PREMIÈRE PARTIE

Résumés & repères pour la lecture

PROLOGUES

RÉSUMÉ

Édition de 1673

La déesse Flore invite bergères et bergers à célébrer les victoires de Louis XIV plutôt que de sans cesse parler de leurs amours. Le dieu Pan leur propose de le divertir en jouant pour lui la comédie du *Malade imaginaire*. Quatre ballets sur des airs de violons s'intercalent entre leurs échanges.

Édition de 1674

Des divinités champêtres s'efforcent de consoler une bergère de ses peines de cœur. Aucun médecin, leur répond-elle, ne peut la guérir. Il faudrait être comme ce « malade imaginaire » pour croire le contraire.

REPÈRES POUR LA LECTURE

Le prologue de 1673 : un prologue à la gloire du Roi

• Un grand divertissement avait été prévu pour fêter le retour de Louis XIV de la guerre de Hollande. D'où ce fastueux prologue tout à la gloire du Roi. Chants, danses et musique font d'emblée du *Malade imaginaire* une comédie-ballet dont Molière a créé le genre. Le spectacle ainsi offert se veut un spectacle total, réunissant les principales disciplines artistiques.

• La comédie à proprement parler se présente comme un spectacle, théâtral, s'intégrant dans le spectacle, plus vaste, du divertissement royal. C'est le principe de la mise en abyme.

Le prologue de 1674 : un nouveau prologue imposé par les circonstances

Le divertissement royal n'ayant pas eu lieu, Molière compose cet autre prologue plus court et moins onéreux à représenter.

ACTE I

Scène 1

RÉSUMÉ

Seul dans sa chambre, Argan monologue : il détaille, vérifie et commente la facture mensuelle de ses traitements médicaux, établie par Monsieur Fleurant, son apothicaire. Il en trouve le coût excessif, le diminue d'office et s'inquiète. Il n'a eu ce mois-ci que douze lavements contre vingt le mois précédent. Il sonne en vain après sa servante.

REPÈRES POUR LA LECTURE

Une scène d'exposition

Argan se dépeint en tenant ses comptes. C'est un hypocondriaque, d'autant plus ridicule qu'il évalue son état de santé au nombre de ses traitements. Or Argan ne se plaint de rien de précis. C'est donc bien un « malade imaginaire ». Il paraît financièrement à l'aise, même s'il se montre sourcilleux sur ses dépenses.

Exposition
Au théâtre, il s'agit de la première scène (et parfois les suivantes) qui informe le spectateur sur l'action et les personnages. Elle répond aux questions suivantes : qui ? quoi ? où ? quand ?

Un monologue… à plusieurs voix

Ce long monologue est rendu vivant par les différentes voix qu'il fait entendre. Argan lit à voix haute le détail de sa facture qu'il commente ensuite pour lui-même. Il va même jusqu'à esquisser un dialogue fictif avec son apothicaire : « Mettez, mettez trois livres ».

Scènes 2 et 3

RÉSUMÉ

• Survient Toinette, à qui Argan reproche sa lenteur à répondre à ses appels. Celle-ci, pour l'interrompre, feint de s'être cogné la tête et gémit à chacune de ses injures (scène 2).
• La venue d'Angélique coupe d'autant plus court à la discussion qu'Argan se précipite aux toilettes (scène 3).

REPÈRES POUR LA LECTURE

Une scène comique

Empêcher quelqu'un de parler en lui coupant la parole à chaque instant fait partie des procédés comiques traditionnels de la farce. Toinette possède en outre un sens de la repartie qui fait sourire : « Ils [les médecins] ont en vous une bonne vache à lait », dit-elle à son maître.

Farce
Une farce est une petite pièce comique, presque toujours fondée sur une tromperie. Les jeux de scène prédominent et les procédés comiques sont rudimentaires : calembours, quiproquos, insultes, coups de bâton...

Portrait d'une servante insolente et dégourdie

L'exposition se poursuit : après le portrait d'Argan, celui de Toinette. C'est une servante ingénieuse, qui ne se laisse pas faire. Elle tient tête à son maître, refuse de lui obéir aveuglément et manifeste un solide bon sens. Dès sa première apparition, elle acquiert la sympathie du public.

Scène 4

RÉSUMÉ

Angélique profite de l'absence de son père pour vanter à Toinette le charme et les qualités de Cléante, dont elle est amoureuse. Elle redoute toutefois qu'il ne l'aime pas autant qu'elle l'aime. Toinette la rassure en lui rappelant que Cléante lui a promis de l'épouser.

REPÈRES POUR LA LECTURE

Une jeune amoureuse émerveillée

• Angélique est tout à sa joie d'aimer et cherche dans les questions qu'elle pose à Toinette approbation et confirmation de son choix. Sa conception de l'amour reste romanesque : elle attribue sa rencontre avec Cléante à « quelque chose du Ciel, quelque effet du destin ».
• Dans l'atmosphère étouffante et médicamenteuse où vit sa famille, elle apporte une note rafraîchissante. Le contraste entre la longueur de ses questions et la brièveté des réponses de Toinette crée un effet comique.

Scène 5

RÉSUMÉ

De retour du « bassin », Argan annonce à sa fille qu'il souhaite la marier à un homme charmant : Angélique pense aussitôt à Cléante. Il s'agit en réalité de Thomas Diafoirus, neveu de Monsieur Purgon, le médecin traitant d'Argan, fils de médecin et lui-même futur médecin. Surprise et accablement d'Angélique et véhémentes protestations de Toinette, qui se querelle avec Argan. Celui-ci explique que, malade comme il est, il lui faut un gendre médecin. En cas de refus de sa fille, il la menace de l'enfermer dans un couvent.

Du quiproquo au coup de théâtre et à l'inquiétude

La scène débute sur un quiproquo entre Angélique et son père qui ne parlent pas de la même personne. Ce quiproquo débouche sur un coup de théâtre : Argan entend marier sa fille au plus vite au jeune homme que, lui, a choisi. L'avenir et le bonheur d'Angélique sont désormais en cause. L'exposition s'achève sur cette question, à laquelle le déroulement de l'intrigue doit répondre : qui Angélique épousera-t-elle ?

Quiproquo
Un quiproquo est une méprise qui fait prendre quelqu'un pour quelqu'un d'autre, ou parfois une chose pour une autre. Il naît soit d'une situation soit de paroles à double sens.

Argan, père égoïste et tyrannique

Pas un moment Argan ne se pose la question du bonheur de sa fille, ni ne s'enquiert de ses sentiments. Il use et abuse de son autorité que le droit à l'époque lui confère. Ses motivations sont strictement égoïstes, résumées par cette réplique : « une fille de bon naturel doit être ravie d'épouser ce qui est utile à la santé de son père ». Il y a chez Argan une part de monstruosité.

Toinette, insolente, comique et sympathique

Angélique étant trop accablée et trop obéissante pour défier son père, c'est Toinette qui prend sa défense et s'oppose à Argan. Cette situation est en soi comique, puisque Toinette n'a aucune légitimité pour intervenir. Elle se comporte pourtant comme si elle disposait d'une réelle autorité : « Non, je ne consentirai jamais à ce mariage. » Son insolence et son opposition à son maître achèvent de la rendre sympathique.

Scène 6

RÉSUMÉ

• La querelle entre Toinette et Argan fait venir Béline. Argan se plaint à sa femme des insolences de Toinette. Celle-ci lui met un oreiller sur le visage. Argan riposte en lui lançant tous ses oreillers. Toinette quitte la chambre.

• Béline console son mari, qui, pour la remercier de son dévouement et de son amour, tient à rédiger un testament en sa faveur exclusive. Béline proteste de son désintéressement, mais fait entrer comme par hasard un notaire qu'elle a prié de venir.

REPÈRES POUR LA LECTURE

Une scène comique

La querelle entre Toinette et Argan tourne sinon à la bataille du moins à un lancer d'oreillers. Ce comique de gestes, qu'accentuent la colère et les injures d'Argan, provient en ligne directe de la farce. Argan sombre davantage encore dans le ridicule, notamment quand il affirme qu'il lui « faudra plus de huit médecines, et de douze lavements » pour se remettre de ses émotions.

Une scène inquiétante

Le caractère de Béline se précise : c'est celui d'une épouse hypocrite, plus intéressée par la fortune de son mari que par son mari lui-même. Elle ne cesse de l'infantiliser en l'appelant son « petit ami », son « pauvre petit-fils ». Elle l'abêtit, sans qu'il ne s'en rende compte ; elle lui dit par exemple qu'« il n'y a rien qui enrhume tant que de prendre l'air par les oreilles » !

Scène 7

RÉSUMÉ

• Le notaire rappelle à Argan que la loi lui interdit de déshériter ses enfants au profit de sa femme. Mais c'est pour mieux lui indiquer comment la détourner par des astuces juridiques.

• Se lamentant à la pensée de perdre son mari, Béline dit ne pas vouloir entendre parler de testament. Pour la consoler, Argan lui révèle qu'il a dans sa chambre de l'argent en liquide, qu'il veut tout de suite lui donner. Tous trois se retirent dans un bureau pour rédiger les termes du testament.

REPÈRES POUR LA LECTURE

Un malhonnête, une hypocrite et une dupe

• Complice de Béline, le notaire est un personnage véreux. Sa connaissance du droit lui sert à réaliser des montages juridiques, qui ne sont rien d'autres que des escroqueries. Son nom, Monsieur de Bonnefoi, est une antiphrase.

> **Antiphrase**
> C'est une phrase qui signifie le contraire de ce qu'elle énonce. Elle se manifeste souvent dans l'ironie. L'intonation et le contexte permettent de l'identifier.

• Béline confirme par son comportement et ses paroles le soupçon d'hypocrisie qui pesait jusqu'ici sur elle. Elle se dit désintéressée, mais demande combien Argan a d'argent dans sa chambre.

• Argan, qui ne se rend compte de rien, apparaît définitivement comme la dupe et le jouet de sa femme.

Scène 8

RÉSUMÉ

Toinette, à qui rien n'échappe, avertit Angélique qu'elle risque d'être déshéritée. Celle-ci dit s'en moquer, pourvu que son père ne l'oblige pas à épouser Thomas Diafoirus. Toinette lui promet de tout faire pour empêcher ce mariage : elle va faire semblant d'entrer dans le jeu d'Argan et de Béline et faire manœuvrer Polichinelle, son amant.

REPÈRES POUR LA LECTURE

Deux camps en présence

L'alliance de Toinette et d'Angélique répond à celle d'Argan et de Béline. Les forces en présence sont clairement identifiées. Toinette s'affirme comme une meneuse de jeu. Son plan réussira-t-il ? À la fin de ce premier acte, l'intrigue et l'intérêt dramatique sont définitivement lancés.

PREMIER INTERMÈDE

RÉSUMÉ

• Changement de décor : devant la maison d'Argan, à la nuit tombée, Polichinelle donne une sérénade à Toinette. Des violons se font entendre, non pour l'accompagner mais pour couvrir son chant. À sa fenêtre, une vieille femme se moque de Polichinelle.
• Le bruit attire le guet (la police). Une querelle s'ensuit, prend la forme d'un ballet. Musiciens, danseurs et archers du guet finissent par s'emparer de Polichinelle, qu'ils bastonnent « en cadence », puis le libèrent.

REPÈRES POUR LA LECTURE

Retour à la comédie-ballet

Ce divertissement dansé et chanté relève de la comédie-ballet. Son lien avec le premier acte est ténu. Personnage central de cet intermède, Polichinelle n'a joué jusqu'ici aucun rôle dans le déroulement de l'intrigue, et n'en jouera aucun par la suite. Il n'intervient que parce que Toinette le dit son amant.

Une parodie galante

Polichinelle est un personnage de la *commedia dell'arte*, où son nom était déjà synonyme de comique. Sa sérénade vire à l'échec le plus complet : ce n'est pas Toinette qui apparaît mais une vieille femme ; les musiciens jouent plus fort qu'il ne chante et tout finit par une rixe orchestrée comme une danse.

Commedia dell'arte
Le mot désigne un genre de comédie populaire italienne, où prédominent les jeux de scène et les personnages-types : Polichinelle, Arlequin...

ACTE II

Scène 1

RÉSUMÉ

Retour chez Argan. Cléante s'y présente déguisé en maître de musique. Il a pris la place de celui qui devait donner une leçon de chant à Angélique. Il espère ainsi pouvoir obtenir d'Angélique de plus amples informations sur son prétendu mariage avec Thomas Diafoirus. Toinette s'engage à l'aider.

REPÈRES POUR LA LECTURE

Une scène de relance de l'action

Après l'intermède reprend l'action. Cléante a monté un stratagème pour revoir Angélique et connaître ses intentions réelles. Le caractère tyrannique d'Argan s'accentue, il fait étroitement surveiller sa fille et « ne la laisse ni sortir ni parler à personne ».

Scène 2

RÉSUMÉ

- Argan marche dans sa chambre comme le lui a recommandé son médecin, quand entre Toinette pour lui présenter le faux maître de musique (Cléante). Argan lui demande de parler à voix basse pour ne pas lui « ébranler tout le cerveau ». Toinette fait mine de parler, Argan lui demande de parler plus fort.
- Cléante félicite Argan sur sa bonne mine. Toinette s'indigne : tout le monde sait qu'Argan est toujours malade ! Argan approuve, accepte que Cléante donne sa leçon à sa fille, mais tient absolument à y assister.

REPÈRES POUR LA LECTURE

Un comique permanent

• La scène comprend plusieurs formes de comique :
– comique de l'absurde : Argan dit ignorer si c'est « en long, ou en large » qu'il doit faire ses allées et venues dans sa chambre ;
– comique de gestes : Toinette fait semblant de parler ;
– comique de situation : Cléante commet une maladresse en félicitant Argan sur sa santé retrouvée, que Toinette tente de rattraper en feignant l'indignation.

• La scène s'achève toutefois sur une inquiétude. Le souhait d'Argan d'assister à la leçon de chant risque de contrecarrer le plan de Cléante.

Scène 3

RÉSUMÉ

Appelée par son père, Angélique dissimule mal sa surprise de voir Cléante. Argan s'aperçoit du trouble de sa fille, qui invente avoir, durant la nuit, rêvé d'un homme venu la secourir. Cléante répond par des paroles à double sens : il serait ravi d'être l'homme en question. Toinette l'interrompt.

REPÈRES POUR LA LECTURE

Des retrouvailles sous surveillance

• C'est la première fois depuis le début de la pièce que Cléante et Angélique se retrouvent, mais sous le regard d'Argan.

• Angélique dévoile de nouveaux traits de sa personnalité :
– sa spontanéité, en ne cachant pas sa surprise de voir Cléante ;
– son ingéniosité, en expliquant son étonnement par un rêve ;
– son sens de l'à-propos, l'homme qu'elle a vu dans son rêve ressemble à Cléante (I, 4 et II, 1).

Scène 4

RÉSUMÉ

Toinette introduit les Diafoirus, le père venant officiellement demander à Argan la main de sa fille pour son fils, Thomas. Toinette fait un éloge ironique de ce dernier. Argan invite Cléante au mariage de sa fille qui doit avoir lieu dans « quatre jours ».

REPÈRES POUR LA LECTURE

Un éloge ironique

Une didascalie précise que Toinette loue « par dérision » les qualités de Thomas Diafoirus. Quand elle dit que c'est « le garçon le mieux fait du monde, et le plus spirituel », il faut comprendre l'exact contraire. Lors d'une représentation, l'actrice qui joue Toinette doit faire sentir cette dérision par le ton de sa voix.

Une menace qui se précise

Qu'Argan veuille marier sa fille au fils Diafoirus, le spectateur ou le lecteur le sait depuis la scène 5 de l'acte I. Ce qu'il ignorait en revanche, c'est que la date du mariage était d'ores et déjà fixée. Le délai de « quatre jours » est suffisamment proche pour ruiner les projets d'Angélique et de Cléante, mais il leur laisse en même temps une certaine marge de manœuvre pour réagir.

Scène 5

RÉSUMÉ

• Diafoirus père et Argan échangent des compliments, comme la politesse l'exige. Parlant en même temps, tous deux s'interrompent l'un l'autre et ce qu'ils disent devient incompréhensible. Thomas Diafoirus présente à son tour ses compliments mais ne sait pas d'abord à qui. Sur le conseil de son père, il s'adresse à Argan en des termes aussi ridicules qu'alambiqués. Puis, il se tourne vers Angélique, qu'il confond avec Béline.

- Diafoirus père fait alors le portrait de son fils dont la stupidité et l'ignorance lui ont toujours semblé une promesse d'intelligence et de succès ! La conversation porte ensuite sur les avantages et les inconvénients pour un médecin de compter des puissants parmi sa clientèle : c'est flatteur, mais gênant car, contrairement aux petites gens, les grands « veulent absolument que leurs médecins les guérissent ».
- À l'invitation d'Argan, Cléante donne sa leçon de chant à Angélique ; il s'agit d'« un petit opéra » qu'il convient de chanter en duo. Cléante en présente longuement le sujet. C'est celui d'une pastorale. Cléante se met à chanter, Angélique lui répond. Tous deux improvisent alors un duo d'amour, qui déplaît de plus en plus à Argan. Il y met fin et chasse Cléante quand il s'aperçoit que la partition de cet opéra est sans livret (sans texte).

REPÈRES POUR LA LECTURE

Sous le signe du ridicule

Cette scène, une des plus longues de la pièce, est tout entière dominée par le comique, la dérision et le ridicule :

- Diafoirus père et Argan parlent en même temps puis s'interrompent l'un l'autre à plusieurs reprises ;
- Thomas Diafoirus est constamment ridicule : il confond sa future femme avec sa future belle-mère ; ses compliments sont risibles à force d'être exagérément compliqués et surannés ;
- le portrait que Diafoirus père fait de son fils est paradoxal, car il n'insiste que sur ses défauts et son manque d'intelligence ;
- bien qu'esquissée, la satire des médecins, qui ne se soucient pas de guérir leurs patients, n'en est pas moins féroce ;
- le comique de situation est permanent : le prétendant officiel qu'est Thomas déclare sa flamme devant son rival heureux.

Un portrait et un autoportrait peu flatteurs

• Quand il fait le portrait de son fils, un père en souligne en principe les qualités. Diafoirus père fait tout le contraire : il en souligne les défauts et les limites intellectuelles. Sans ami et encore moins d'amie, c'est un solitaire. Comme le précise une didascalie, ce Thomas Diafoirus est « un grand benêt », niais et maladroit. Il n'en a pas moins entrepris des études de médecine, dans lesquelles son entêtement et sa stupidité ont fait merveille : « jamais il n'a voulu comprendre ni écouter les raisons et les expériences des prétendues découvertes de notre siècle ». Sa bêtise est donc totale.

• À travers le portrait de son fils, Diafoirus père esquisse son autoportrait. Lui-même précise que son fils suit son « exemple ». Tel père, tel fils, et en sens inverse, tel fils, tel père. Tous deux partagent le même obscurantisme et la même incompétence.

Un spectacle dans le spectacle

• La leçon de chant constitue une mise en abyme de la comédie. Elle est un spectacle qu'interprètent Angélique et Cléante dans la comédie du *Malade imaginaire*, qui elle-même s'insère dans le divertissement plus vaste de la comédie-ballet.

• Cléante se comporte comme un dramaturge. Il commence par expliquer le sujet de sa pastorale. Les amours de Philis, la bergère, et de Tircis, le berger, renvoient à celles d'Angélique et de Cléante. Cette déclaration d'amour à peine voilée finit par éveiller les soupçons d'Argan, qui renvoie Cléante.

Pastorale
La pastorale est un genre littéraire alors à part entière. Dans un cadre champêtre agréable et fictif, des bergers et des bergères parlent de leurs amours.

Une certitude, un avantage et un obstacle

L'action progresse et se complique. Angélique et Cléante savent désormais à quoi s'en tenir sur leurs sentiments respectifs.

Le rival de Cléante, Thomas Diafoirus, est si stupide qu'il n'a aucune chance de séduire Angélique. Mais il bénéficie de l'appui d'Argan, dont la vigilance est maintenant en éveil. Comment surmonter ou contourner son opposition ? Tel est désormais l'enjeu.

Scène 6

RÉSUMÉ

• Survient Béline. Argan veut fiancer sur le champ Thomas et Angélique. Celle-ci refuse, repousse les assiduités du fils Diafoirus et s'oppose successivement à son père et à sa belle-mère. Béline l'accuse d'insolence et d'impertinence, la soupçonne d'aimer un autre homme. Angélique l'accuse en retour d'hypocrisie et de faire partie de ces femmes qui « courent sans scrupule de mari en mari » pour s'approprier leur fortune. Argan clôt la querelle entre les deux femmes par un ultimatum adressé à sa fille : ou elle épouse Thomas Diafoirus dans « quatre jours » ou ce sera le couvent.

• Avant de se retirer, les Diafoirus accordent une consultation à Argan. Tous deux s'expriment en un galimatias de formules latines et de mots scientifiques. Leur diagnostic confond le foie et la rate. Leur ordonnance prône l'exact contraire de celle de Purgon. La consultation sombre dans le ridicule le plus complet quand Diafoirus père préconise de mettre des grains de sel dans un œuf « par les nombres pairs ; comme dans les médicaments, par les nombres impairs » !

REPÈRES POUR LA LECTURE

La révolte d'Angélique

Angélique témoigne d'une fermeté de caractère, dont on ne la soupçonnait pas jusqu'ici :
– à son père, elle demande un délai pour avoir « au moins le temps » de faire plus ample connaissance du mari qu'il lui

destine. C'est une manière polie de refuser tout net d'épouser le fils Diafoirus ;
- contre Thomas Diafoirus, elle défend son droit à choisir librement son mari (ce qui n'allait pas de soi à l'époque) ;
- contre Béline, sa belle-mère, elle défend sa liberté et lui rend coup pour coup.
C'est une jeune fille que l'amour révèle.

Une satire des médecins

La consultation est une illustration des théories et des pratiques médicales que Diafoirus père a développées en faisant le portrait de son fils à la scène précédente. C'est une charge satirique sans concession. Si les Diafoirus n'en sortent pas à leur avantage, Argan n'est pas moins ridicule et stupide qu'eux. Ce qu'il entend et voit ne le trouble pas, ni ne l'inquiète.

Scène 7

RÉSUMÉ

Béline informe Argan qu'elle a surpris un homme dans la chambre d'Angélique qui s'est enfui sitôt qu'il l'a vue. La petite Louison qui se trouvait à ce moment-là avec sa sœur lui pourra confirmer ses dires. Colère et indignation d'Argan.

REPÈRES POUR LA LECTURE

La perfidie de Béline

Hypocrite et intéressée, Béline n'en est pas moins perspicace. Le mariage d'Angélique, que ce soit avec Thomas Diafoirus ou avec Cléante, contredirait ses intérêts, puisqu'Angélique resterait l'héritière de son père. Il lui faut donc l'éliminer de la succession en suscitant la colère d'Argan, qui n'hésitera plus à enfermer sa fille dans un couvent.

Scène 8

RÉSUMÉ

• Argan fait venir sa petite Louison pour qu'elle lui dise ce qu'elle a vu et entendu dans la chambre d'Angélique. Celle-ci commence par nier avoir vu quoi que ce soit. Son père la menace du fouet, elle feint d'être durement frappée, « contrefait la morte ». Argan se désespère.

• Ressuscitée, Louison lui avoue que l'homme qui se trouvait avec Angélique était le maître de musique. Argan veut en savoir davantage, la menace de nouveau. En vain. Argan renvoie Louison.

REPÈRES POUR LA LECTURE

Une petite fille rusée

• Le personnage d'un enfant de huit ans est très rare dans les comédies de l'époque. Louison est peut-être un cas unique. Sœur cadette d'Angélique et, comme elle, née d'un premier lit, elle a le vocabulaire et les réactions d'un enfant de son âge. « Mon papa », répète-t-elle, et la simple vue du fouet l'effraie.

• Louison n'est pas pour autant naïve. Elle est au contraire rusée : elle feint d'être morte pour échapper au fouet et elle ne révèle à Argan que ce qu'il savait ou ce dont il se doutait déjà.

Un autre visage d'Argan

Tyrannique envers les siens, Argan laisse percer une certaine tendresse pour Louison. S'il la fouetterait sans hésitation (les châtiments corporels n'étaient pas alors réprouvés et interdits), il se lamente sur la (fausse) mort de Louison. Cet éclair de tendresse paternelle lui redonne un peu d'humanité.

Un comique enfantin

Le fouet et la mort feinte figurent dans l'arsenal comique de la farce. L'interrogatoire qu'Argan fait subir à Louison relève du comique de répétition. Le « petit doigt » que celui-ci met à son oreille pour mieux entendre ce qu'il lui dit ne peut que faire sourire un public très majoritairement constitué d'adultes. Tout comme la réplique, d'une innocence calculée, de Louison : « votre petit doigt est un menteur ».

Scène 9

RÉSUMÉ

Survient Béralde, qui souhaite parler avec Argan, son frère, du mariage d'Angélique. À ce nom, Argan sursaute d'indignation et de colère. C'est une « effrontée », qu'il va jeter dans un couvent « avant qu'il soit deux jours ». Pour le calmer et le mettre dans de meilleures dispositions, Béralde lui propose d'assister à un divertissement qu'il a commandé à son intention.

REPÈRES POUR LA LECTURE

Une surprise, une inquiétude et une annonce

- L'arrivée de Béralde est inattendue. Rien jusque-là n'avait laissé présager son existence. Qu'il veuille se mêler du mariage de sa nièce est tout aussi étonnant. En a-t-il été prévenu par Toinette, par Angélique ? On l'ignore.
- La menace se précise, les délais se raccourcissent : Angélique entrera dans un couvent dans les quarante-huit heures.
- Une des règles de la dramaturgie classique exigeait que toute entrée ou sortie d'un personnage (ou de plusieurs) fût annoncée et justifiée ; d'où la remarque de Béralde : « Je vous amène ici un divertissement, que j'ai rencontré, qui dissipera votre chagrin ».

DEUXIÈME INTERMÈDE

RÉSUMÉ

« Plusieurs Égyptiens et Égyptiennes vêtus en Mores [en Arabes] font des danses entremêlées de chansons ». Ces chansons ont la jeunesse et l'amour pour thèmes principaux. Tous ensuite dansent et « font sauter des singes qu'ils ont amenés avec eux ».

REPÈRES POUR LA LECTURE

Du théâtre de rue à la comédie-ballet

Le carnaval et les périodes de foire voyaient des troupes de comédiens ambulants, plus ou moins amateurs, proposer leurs spectacles sur les places ou aux carrefours des rues. Nombre de ces comédiens étaient des acrobates et montaient ce que nous appellerions aujourd'hui des numéros de cirque; d'où la présence des singes. C'est une de ces troupes que Béralde a rencontrée et engagée en venant chez son frère. Avec ses danses, la comédie-ballet intègre ce théâtre de rue dans son univers.

Un hymne à l'amour

- Le texte des chansons invite à savourer l'instant présent dans ce qu'il a de meilleur. C'est le thème du *carpe diem* (cueille le jour présent) selon la formule du poète latin Horace. La brièveté de la vie doit conduire à en apprécier chaque instant : « Profitez du printemps / De vos beaux ans, / Aimable jeunesse », chante la première femme More.
- Philosophiquement, c'est un écho de l'épicurisme, doctrine du Grec Épicure (vers 341-vers 270 av. J.-C.), pour qui seule compte la recherche du bonheur terrestre (qui ne se confond pas avec la poursuite effrénée des plaisirs). D'un point de vue dramaturgique, c'est une référence aux amours d'Angélique et de Cléante.

ACTE III

Scène 1

RÉSUMÉ

Béralde demande à son frère ce qu'il pense du divertissement. Argan ne répond pas, pris par un besoin pressant. Toinette lui tend sa canne que dans sa précipitation il allait oublier.

REPÈRES POUR LA LECTURE

Une scène de liaison

Cette courte scène assure la transition entre la comédie-ballet (l'intermède) et la comédie du *Malade imaginaire*. Elle n'en est pas moins comique : de nouveau Argan court aux toilettes, prenant au passage la canne que lui tend Toinette. À ce comique de répétition s'ajoute un comique de gestes qu'à la lecture il convient d'imaginer.

Scène 2

RÉSUMÉ

Profitant de l'absence d'Argan, Toinette et Béralde s'entendent pour favoriser les amours d'Angélique. Toinette songe à un stratagème qui dégoûterait Argan de tous les médecins. Le retour d'Argan l'empêche de s'expliquer davantage.

REPÈRES POUR LA LECTURE

Une scène de préparation

Également très courte, cette scène offre un double intérêt pour la suite de l'action : elle renforce le camp favorable à Angélique et elle annonce la scène 10 de l'acte III, dans laquelle Toinette apparaîtra déguisée en médecin.

Scène 3

RÉSUMÉ

• Soulagé, Argan accepte de discuter calmement avec son frère. Il s'agace toutefois dès que Béralde s'étonne qu'il veuille mettre Angélique dans un couvent. Argan lui rappelle qu'il est le chef de famille et qu'il peut à ce titre « faire ce que bon [lui] semble ». Or Thomas Diafoirus sera médecin et Argan veut « mettre dans [sa] famille les gens dont [il a] besoin ».

• La conversation porte bientôt sur la confiance qu'il convient ou non d'accorder à la médecine. Argan lui fait une confiance totale. Béralde, au contraire, ne croit ni en la compétence des médecins ni au pouvoir de la médecine. S'il le pouvait, il emmènerait son frère voir une comédie de Molière pour le convaincre de son aveuglement. Au nom de Molière, Argan s'emporte, lui souhaite mille morts. Béralde se fait l'avocat de Molière qui, dit-il, ne fait que montrer « le ridicule de la médecine ». Argan rompt la discussion, car « cela [lui] échauffe la bile ».

REPÈRES POUR LA LECTURE

Béralde, frère maladroit, sympathique et raisonnable

Béralde est l'antithèse d'Argan : il est calme, lucide et raisonnable quand Argan est colérique, aveugle et insensé. Il n'en est pas moins maladroit. S'opposer d'emblée à la volonté d'Argan de mettre sa fille dans un couvent et suspecter Béline de l'y encourager par intérêt personnel n'est pas la meilleure façon d'amadouer son frère. Le soutien que Béralde apporte à sa nièce le rend toutefois sympathique.

Pour ou contre la médecine ?

• Dans sa plaidoirie en faveur de la médecine, Argan avance trois arguments essentiels :
- la médecine existe depuis très longtemps ;
- les médecins en savent plus que quiconque sur les maladies ;
- tout le monde fait appel à eux en cas de besoin.

• Béralde balaie ces trois arguments : la médecine est une « momerie », et rien n'est « plus ridicule qu'un homme qui se veut mêler d'en guérir un autre ». Le savoir des médecins leur permet seulement de bien parler, non de guérir leurs patients. À preuve le docteur Purgon lui-même qui n'a réussi qu'à tuer sa femme et ses enfants. Le seul remède consiste à faire confiance à la Nature.

La référence à Molière et à ses comédies

• Molière s'est souvent moqué des médecins dans ses comédies : dans *Dom Juan* (1665), dans *L'Amour médecin* (1665), dans *Le Médecin malgré lui* (1666) ou encore dans *Monsieur de Pourceaugnac* (1669) par exemple. Les médecins y sont systématiquement ridicules, incompétents et cupides. Que Molière soit cité dans le débat qui oppose les deux frères n'a donc rien d'étonnant.

• Apprécier cette référence est plus délicat. Au moment de la création de la pièce, le 10 février 1673, celle-ci est un élément comique. Les spectateurs d'alors voient Molière acteur, qui joue Argan, se moquer de Molière auteur. Cette autodérision ne peut que faire rire.

• Depuis le 17 février 1673, jour de la mort de Molière, les propos d'Argan prennent une résonance tragique, notamment quand celui-ci imagine les réactions d'un médecin au chevet de Molière : « Crève, crève ! cela t'apprendra une autre fois à te jouer de la Faculté [de médecine] ». Il est impossible encore de nos jours en lisant ou en écoutant cette scène de ne pas penser à ce contexte devenu tragique.

Scène 4

RÉSUMÉ

Arrive Monsieur Fleurant, l'apothicaire, pour administrer un lavement à Argan. Béralde le renvoie sans ménagement, malgré la peur d'Argan de tomber encore plus malade.

REPÈRES POUR LA LECTURE

Un apothicaire arrogant et ridiculisé

• Cette courte scène prolonge le débat sur la médecine de la scène précédente. Béralde demeure fidèle à ses principes. Mais l'idée de vivre sans traitement épouvante Argan : « Il est aisé de parler contre la médecine quand on est en pleine santé », réplique-t-il à Béralde. La remarque est sensée, mais elle provient d'un homme qui, lui, ne l'est pas.

• L'expulsion de Monsieur Fleurant apporte une touche comique. Imbu de ses fonctions, il s'indigne qu'on maltraite la médecine à travers sa personne. La réplique de Béralde achève de le ridiculiser : « Allez, Monsieur, on voit bien que vous n'avez pas accoutumé de parler à des visages. »

Scène 5

RÉSUMÉ

• Médecin traitant d'Argan, le docteur Purgon surgit, furieux d'apprendre qu'on néglige ses ordonnances et qu'on ait renvoyé son apothicaire. C'est à ses yeux « un attentat énorme contre la médecine », « un crime de lèse-Faculté ».

• Argan tente en vain d'en rejeter la responsabilité sur Béralde. Monsieur Purgon déchire la dotation qu'il s'apprêtait à faire à son neveu Thomas Diafoirus s'il épousait Angélique, renonce désormais à soigner Argan, lui promet mille maux incurables et s'en va encore plus furieux qu'à son arrivée.

REPÈRES POUR LA LECTURE

Disproportion et exagération comiques

Le comique de la scène naît de l'écart existant entre la cause et la conséquence : pour un lavement non administré (sur quinze à vingt par mois !), Monsieur Purgon entre dans une fureur extrême. La disproportion est énorme. Ses malédictions médicales et jargonnesques sont d'autant plus risibles qu'elles sont répétitives : « Que vous tombiez dans la bradypepsie [...] De la bradypepsie dans la dyspepsie [...] De la dyspepsie dans l'apepsie [...]. »

Un médecin fier de son art

Incompétent, Monsieur Purgon ne se fait pas moins une haute idée de la médecine. Négliger ses avis est à ses yeux un crime comparable à un attentat contre le roi. Son expression « crime de lèse-Faculté » décalque en effet celle de « crime de lèse-Majesté » alors passible de la peine de mort. La défense de son art prime sur ses intérêts matériels. En renonçant à soigner Argan, il se prive en effet d'une part de ses ressources financières.

Une conséquence inattendue

Les malédictions dont il abreuve Argan et son refus de doter son neveu rendent désormais impossible le mariage d'Angélique et de Thomas Diafoirus. Reste donc à faire revenir Argan sur son intention d'enfermer sa fille dans un couvent et à lui faire accepter Cléante pour gendre.

Scène 6

RÉSUMÉ

Argan se désespère. Déjà il ressent les premiers effets des malédictions de Monsieur Purgon et redoute d'être bientôt incurable. Béralde tente de le raisonner, en vain.

REPÈRES POUR LA LECTURE

Une dépression et un conseil

Cet échange entre Argan et Béralde présente un double intérêt. Victime de son idée fixe, Argan s'enfonce dans une dépression qui semble, elle, incurable. La simple menace d'une maladie suffit à le terroriser. S'il ne peut se passer de médecin, Béralde lui conseille d'en prendre un autre.

Scènes 7, 8 et 9

RÉSUMÉ

- Toinette annonce à Argan la venue d'un médecin qui lui « ressemble comme deux gouttes d'eau ». Tout à sa peur d'être encore plus malade, Argan lui demande de le faire venir. Toinette va le chercher (scène 7).
- Elle réapparaît presque aussitôt déguisée en médecin. Argan s'étonne de la ressemblance entre Toinette et le médecin, ce dernier se retire pour donner des ordres à son valet (scène 8).
- Nouvelle réapparition de Toinette, cette fois en servante. Argan lui demande d'attendre le retour du médecin pour constater qu'il s'agit bien de deux personnes différentes. Toinette s'en va au motif qu'elle a trop à faire (scène 9).

REPÈRES POUR LA LECTURE

Un comique de farce

Le principe du déguisement, le faux médecin, le thème de la ressemblance, c'est-à-dire du sosie, et le jeu des disparitions et réapparitions sont propres à la farce. Comme l'est également le stratagème élaboré par Toinette, même si à ce stade de l'action on ne sait pas encore comment il se déroulera. Toute farce est en effet une tromperie dont la victime est la dupe par ignorance ou stupidité.

Convention et invraisemblance

Ces trois scènes comportent une forte part d'invraisemblance, malgré les efforts de Molière pour la réduire. Argan n'est pas en effet complètement crédule. Béralde tente de le convaincre que ces phénomènes de ressemblance n'ont rien d'extraordinaire. Atténuée, l'invraisemblance n'en subsiste pas moins. Mais au théâtre le spectateur accepte par convention de croire ce qu'il n'admettrait pas dans la vraie vie. La brièveté des scènes et la rapidité des disparitions et réapparitions de Toinette font oublier l'invraisemblance.

Scène 10

RÉSUMÉ

Le docteur Toinette se présente à Argan. À « quatre-vingt-dix ans », il est un médecin ambulant qui se précipite au chevet des malades les plus gravement atteints pour les guérir grâce à ses remèdes miraculeux. Toinette ausculte Argan, rapporte le moindre de ses symptômes au « poumon » et lui prescrit un traitement qui est l'exact contraire de celui que Monsieur Purgon lui ordonnait. La consultation sombre dans le burlesque le plus complet quand Toinette lui conseille de se faire couper un bras puis crever un œil.

REPÈRES POUR LA LECTURE

Une comédie dans la comédie

• La consultation introduit une farce dans la comédie. Toinette en est à la fois l'auteur, le metteur en scène et l'actrice principale ; Béralde en est le spectateur sur scène et Argan la dupe.

• Faux médecin, Toinette se comporte comme les vrais médecins que sont Monsieur Purgon et les Diafoirus : même jargon scientifique, même recours au latin et même diagnostic incohérent. Incriminer systématiquement le « poumon » crée un comique de répétition, que renforce celui de l'absurde. Les coliques, les maux de cœur, le simple fait d'avoir de l'appétit ou envie de dormir, tout est la faute d'un mauvais état du « poumon » ! La suggestion de se faire couper un bras et crever un œil est le couronnement comique de cette consultation.

Toinette, fine observatrice

Toinette n'en fait pas moins preuve d'habileté et de perspicacité. S'attribuer l'âge vénérable de quatre-vingt-dix ans est un moyen de capter la confiance d'Argan, qui redoute d'être mort dans moins de quatre jours. Toinette sait enfin entretenir Argan dans sa lubie. Elle le traite d'« illustre malade », dont « la réputation [...] s'étend partout ». Voilà qui a de quoi le flatter.

Scène 11

RÉSUMÉ

Argan ne s'en obstine pas moins à jeter Angélique dans un couvent. En vain Béralde plaide de nouveau en faveur de sa nièce, reproche à son frère d'être autant le jouet des médecins que de Béline, qui le manœuvre à sa guise. Argan prend la défense de sa femme, dont il vante le dévouement et l'amour. Toinette lui propose alors d'en tester la sincérité. Qu'il fasse le mort, et il pourra par lui-même vérifier les véritables sentiments de sa femme à son égard.

REPÈRES POUR LA LECTURE

Piéger Béline

À ce stade de l'action, le sort d'Angélique est toujours en suspens. Délivrée de Thomas Diafoirus, elle ne l'est pas de Béline, sa principale ennemie. D'où l'urgente nécessité de confondre celle-ci et d'ouvrir les yeux d'Argan sur son hypocrisie.

Scène 12

RÉSUMÉ

- Les lamentations de Toinette attirent Béline. Éplorée, Toinette lui apprend la mort soudaine d'Argan. Béline se fait confirmer la nouvelle et se dit soulagée d'être enfin débarrassée d'un mari qui ne lui inspirait que du dégoût.
- Elle propose à Toinette de se faire sa complice et de l'aider à détourner au plus vite l'héritage d'Argan, à commencer par l'argent qu'il dissimulait dans sa chambre. Argan se redresse à ce moment précis. Démasquée, Béline s'enfuit.

REPÈRES POUR LA LECTURE

Une oraison funèbre paradoxale

Dans son oraison funèbre, Béline souligne les défauts d'Argan et insiste sur la répulsion qu'il lui inspirait : « Un homme incommode à tout le monde, malpropre, dégoûtant [...] ennuyeux, de mauvaise humeur, fatiguant sans cesse les gens ». L'hypocrisie de Béline, son cynisme et sa cupidité éclatent au grand jour.

Oraison funèbre
Il s'agit d'un discours prononcé à l'occasion d'un enterrement et vantant les qualités du défunt illustre.

Un cruel jeu de la vérité

• Cette fausse mort d'Argan révèle une double vérité : celle de Béline qui apparaît dans toute sa noirceur mais aussi celle d'Argan, qui découvre l'image que les autres peuvent avoir de lui. Si Béline est monstrueuse, Argan ne l'est pas moins : « Quelle perte est-ce que la sienne ? et de quoi servait-il sur la terre ? » dit de lui sa femme.
• Les lois de la comédie privilégiant le plus souvent un dénouement heureux, Molière n'insiste pas sur les conséquences de cette mise à nu de ses personnages. Que deviendra Béline ? Le spectateur l'ignore. Et, comme indifférent à son image, Argan restera un « malade imaginaire ».

Scène 13

RÉSUMÉ

Sur les conseils de Toinette, Argan contrefait de nouveau le mort. Apprenant le décès de son père, Angélique laisse éclater sa douleur et ses regrets de l'avoir peiné.

REPÈRES POUR LA LECTURE

La douleur d'Angélique

Si la scène repose sur le même procédé que la précédente, le résultat en est l'inverse. Contrairement à Béline, Angélique est sincèrement affectée par la perte de son père. Pour elle, le jeu de la vérité révèle son amour filial et ses qualités morales.

Scène 14

RÉSUMÉ

• Survient Cléante, qui venait justement demander à Argan la main de sa fille. Encore sous le choc, Angélique renonce à l'épouser. Argan ressuscite une nouvelle fois. Émor, il accepte que Cléante épouse sa fille... à la condition qu'il devienne médecin.

• Béralde propose à Argan une meilleure solution : qu'il devienne lui-même médecin ! Après quelques hésitations, Argan accepte. Béralde se propose d'organiser la cérémonie qui le consacrera docteur. Angélique fait part de ses réticences : n'est-ce pas un peu trop se moquer de son père ? Béralde les balaie : en période de carnaval tout est permis. Et Angélique qui peut désormais épouser son Cléante, accepte de participer à cette cérémonie.

REPÈRES POUR LA LECTURE

Un dénouement doux-amer

Tout est bien qui finit bien, du moins pour Angélique. Pour Argan, les choses sont plus complexes. Prisonnier de sa folie, Argan se révèle incurable : « malade imaginaire », il l'est et le restera. Dans l'impossibilité de le ramener à la raison et de le guérir, le seul remède est de rendre sa folie plus supportable, plus heureuse en quelque sorte. Pouvant désormais se soigner lui-même, il sera moins anxieux et moins insupportable à son entourage.

TROISIÈME INTERMÈDE

RÉSUMÉ

Comme le précise la didascalie initiale, « c'est une cérémonie burlesque d'un homme qu'on fait médecin en récit, chant et danse ». Huit porte-seringues, six apothicaires, vingt-deux docteurs et dix chirurgiens entourent le bachelier Argan. Le président de cette assemblée l'interroge en latin sur les obligations d'un médecin. S'exprimant également en latin, Argan répond bêtise sur bêtise. Tous l'acclament, dansent, chantent. Argan est déclaré digne du grade de docteur.

REPÈRES POUR LA LECTURE

Retour à la comédie-ballet

• Comme elle était précédée de danses et de chants (dans le Prologue), la comédie du *Malade imaginaire* s'achève sur un ballet. En musique, un final (ou finale, par emprunt à l'italien) est la dernière partie d'une symphonie, d'une sonate ou d'un opéra. Il s'agit plutôt ici d'un opéra-comique avant la lettre. Les figurants sont nombreux, la cérémonie allie danses, chants, musique.

• C'est une parodie des soutenances de thèse universitaires au terme desquelles est décerné le grade de docteur. Preuve en est le chœur dont les derniers mots sont : « De saigner,/De percer,/ De tailler,/De couper,/Et de tuer/Impunément par toute la terre. » Argan entre définitivement dans l'univers de l'imaginaire.

DEUXIÈME PARTIE

8 Clés *pour* l'analyse

1 Le contexte biographique et littéraire

Quand il fait jouer *Le Malade imaginaire* en 1673, Molière (Jean-Baptiste Poquelin de son vrai nom) est âgé de 51 ans. Tout à la fois dramaturge, directeur de troupe, metteur en scène et acteur, il a consacré sa vie au théâtre, renouvelé le genre de la comédie qu'il a porté à une perfection toute classique.

1. UNE VIE CONSACRÉE AU THÉÂTRE

Des débuts difficiles

À 21 ans, en 1643, Molière fonde avec Madeleine Béjart sa propre troupe qu'il baptise *L'Illustre Théâtre*. C'est financièrement une catastrophe. Molière est brièvement emprisonné pour des dettes, qu'il mettra des années à rembourser. Il quitte alors Paris, s'associe à une troupe qu'il va bientôt diriger et mène treize années durant, de 1645 à 1658, une existence de comédien ambulant en Guyenne et dans le Languedoc.

Les premiers succès

De retour à Paris en 1658, Molière et ses comédiens interprètent devant Louis XIV et sa cour la farce du *Docteur amoureux* qui est bien accueillie. Les années qui suivent sont celles de tous les succès : *Les Précieuses ridicules* (1659), *Sganarelle* (1660), *L'École des maris* (1661) et *Les Fâcheux* (1661). À partir de 1661, Molière possède en outre son propre théâtre au Palais-Royal.

Les premières critiques

L'École des femmes (1662) qui aborde le sujet de l'éducation et du mariage des jeunes filles, soulève une vive polémique. Accusé de ne pas savoir construire une pièce par les uns et d'immoralisme par les autres, Molière réplique par *La Critique de l'École des femmes* et par *L'Impromptu de Versailles* (1663). La querelle s'apaise, mais ses détracteurs restent nombreux parmi lesquels l'Église, les salons précieux et des confrères jaloux de ses succès.

La « bataille de **Tartuffe »**

Le 12 mai 1664, Molière crée *Tartuffe* lors de fêtes données à Versailles par le roi. Appréciée sur le moment, la pièce qui dénonce l'hypocrisie religieuse, est interdite deux jours plus tard. Au terme de longues démarches et après deux remaniements de son texte, Molière obtient enfin en 1669 la levée de la censure. Entre-temps son *Dom Juan*, qui campe un séducteur libertin, a été également interdit.

La maladie et toujours le théâtre

Quoique malade depuis longtemps, Molière n'en continue pas moins de travailler. Mais comme rendu plus prudent par cette double censure, il choisit des sujets moins polémiques : *Le Misanthrope* (1666), *L'Avare* (1668), *Le Bourgeois gentilhomme* (1670), *Les Fourberies de Scapin* (1671) ou *Les Femmes savantes* (1672). Molière meurt le 17 février 1673 après la quatrième représentation du *Malade imaginaire*.

2. LE RÉNOVATEUR DE LA COMÉDIE

La situation de la comédie avant Molière

À la naissance de Molière, la comédie est un genre presque à l'abandon. Elle se réduit pour l'essentiel à la farce, qui existe depuis le Moyen-Âge. L'intrigue en repose toujours sur une tromperie et les procédés comiques sont des plus rudimentaires (déguisement, coups de bâton...). La comédie renaît progressivement à partir des années 1630 grâce à de jeunes auteurs comme

Corneille (*La Veuve*, 1632 ; *La Place Royale*, 1635). La décennie suivante voit l'essor du genre avec des comédies d'intrigue ou burlesques comme celles de Scarron (*Jodelet* ou *le maître valet*, 1645).

La rénovation de la farce

Molière puise dans cette tradition non, toutefois, pour la poursuivre mais pour la renouveler. Il reprend ainsi les ressorts comiques de la farce tout en les incluant dans une satire de mœurs comme dans *Les Précieuses ridicules* ou dans une comédie de caractère, comme dans *Le Malade imaginaire*, où les lancers d'oreillers, les menaces de fouet, les travestissements et même les fausses morts ne manquent pas. Mais, à chaque fois, c'est pour illustrer une facette du caractère d'Argan.

Le renouvellement de la comédie d'intrigue

La *commedia dell'arte*, le théâtre populaire italien, donnait l'exemple de comédies bâties sur une action rapide et complexe à souhait avec ruses, reconnaissances, bastonnades, voire substitution d'enfants. Molière invente une comédie d'intrigue plus originale. On y voit un valet rusé favoriser les amours de son jeune maître aux dépens d'un père (ou d'un tuteur) autoritaire ou d'un vieux barbon jaloux. De cette comédie d'intrigue, *Les Fourberies de Scapin* sont l'exemple par excellence.

L'inventeur de la comédie-ballet

Molière a beaucoup écrit sur commande pour divertir Louis XIV et sa cour. À cette occasion il met au point une formule qui réunit divers arts du spectacle : la danse, le chant, la musique et parfois la pantomime. C'est la naissance d'un nouveau genre de comédie : la comédie-ballet. Molière en composera treize. Inaugurée avec *Les Fâcheux*, elle atteint sa perfection avec *Le Bourgeois gentilhomme* et *Le Malade imaginaire*.

Le créateur de la grande comédie

Le genre de la comédie a longtemps souffert de sa comparaison avec la tragédie, jugée plus sérieuse. Molière lui confère une dignité égale à celle-ci. *Le Misanthrope*, *Tartuffe* ou *Les Femmes savantes* comportent cinq actes et sont écrites en alexandrins, à l'instar des tragédies. Ce sont des comédies de mœurs ou de caractère, qui sont à la fois le reflet de leur époque et une observation du comportement humain en général. Molière modifie ainsi totalement le visage que la comédie offrait au début du XVIIe siècle.

3. UN AUTEUR CLASSIQUE

Une période de plein classicisme

Des *Précieuses ridicules* en 1659 au *Malade imaginaire* en 1673, l'œuvre de Molière s'inscrit dans la période où triomphe la dramaturgie classique. Celle-ci précisait les règles qu'il convenait d'observer pour bien construire une pièce, qu'il s'agisse d'ailleurs d'une tragédie ou d'une comédie. Parmi les plus importantes figuraient la vraisemblance, les unités de temps, de lieu et d'action, ainsi que pour la comédie, un dénouement heureux (un mariage le plus souvent).

Un respect relatif des règles

Molière ne s'astreint pas toujours à scrupuleusement respecter ces règles. Si *Le Misanthrope* ou *Les Femmes savantes* les observent presque idéalement, beaucoup d'autres comédies s'en affranchissent plus ou moins ouvertement. *Dom Juan* dont l'action se déroule en divers endroits ignore l'unité de lieu ; et *Le Malade imaginaire*, l'unité de temps. Quant au dénouement, il est parfois ambigu. Don Juan meurt, foudroyé par le ciel ; et dans le *Malade imaginaire*, si Angélique épouse Cléante, Argan reste inguérissable, « malade » et « docteur » imaginaires.

Un classique à part

• Aussi le classicisme de Molière n'est-il pas à rechercher dans son observance plus ou moins stricte de la dramaturgie. Il l'est bien plus dans sa conception de la comédie. Celle-ci doit avant tout plaire : plaire à tous les publics, populaire aussi bien que mondain ou aristocratique.

• La comédie doit aussi instruire, c'est-à-dire peindre « d'après nature » ; de là, chez lui, la présence de types, habités par une idée fixe comme l'avare, le misanthrope, le libertin ou l'hypocondriaque.

• Elle doit enfin peindre les hommes de son temps. Argan est un bourgeois du XVIIe siècle tout en étant le type même de l'hypocondriaque, qui lui, est de toutes les époques. C'est cette alliance du particulier et du général qui fait de Molière un classique.

2 La structure de la pièce

L'intrigue du *Malade imaginaire* se développe autour de trois composantes qui entretiennent entre elles des rapports étroits, et, d'acte en acte, permettent une progression linéaire de l'action. Les personnages se trouvent répartis en deux camps.

1. LES TROIS COMPOSANTES DE L'INTRIGUE

La pièce comporte une action principale et deux actions secondaires, d'inégale importance.

La composante principale : soigner Argan

Tout s'organise autour d'Argan parce que tout dépend de lui. Comment le soigner ? Et comment éventuellement le guérir ? Aussi le thème médical court-il tout au long de l'intrigue : les ordonnances (I, 1), la consultation donnée par les Diafoirus (II, 6), le débat sur la médecine (III, 3), l'intervention de l'apothicaire (III, 4) puis de Monsieur Purgon (III, 5), la consultation sur le mode satirique du faux docteur Toinette (III, 8 et 10) et enfin le troisième intermède qui élève Argan au grade de docteur.

Une première composante secondaire : marier Angélique

Qui Angélique épousera-t-elle ? Cléante, qu'elle aime ? Ou Thomas Diafoirus, qu'elle déteste ? Se mariera-t-elle même ? La menace d'être jetée dans un couvent pèse sur elle du début à la fin de la pièce. Ses amours et son avenir font l'objet de ses conversations avec Toinette (I, 4) et avec son père (I, 5). Ses retrouvailles sous surveillance avec Cléante donnent lieu à un duo lyrique (II, 5). Argan ne l'autorise à épouser l'homme qu'elle aime qu'à la dernière scène (III, 14).

Une seconde composante secondaire : démasquer Béline

Empêcher Béline de capter la fortune d'Argan constitue le dernier fil de l'action. Ses manœuvres débutent dès le premier acte (I, 6 et 7), trouvent un éphémère succès dans le deuxième (II, 6 et 7), échouent définitivement dans le troisième (III, 12).

2. DES INTERACTIONS PERMANENTES

Ces trois fils de l'intrigue forment une tresse serrée.

Le souhait d'Argan : avoir un médecin pour gendre

- Même « imaginaire », la maladie d'Argan influe directement sur le choix du mari d'Angélique. Celui-ci veut en effet un médecin pour gendre. Il s'en explique sans détour : « me voyant infirme et malade comme je suis, je veux me faire un gendre et des alliés médecins » (I, 5). Peu lui importe que ce soit Thomas Diafoirus ou quelqu'un d'autre. L'essentiel est qu'il soit médecin.
- Argan maintient son exigence jusqu'au bout : « faites-vous médecin, je vous donne ma fille » (III, 14), dit-il à Cléante. Seule l'idée de Béralde de faire de son frère un médecin rendra cette condition inutile.

Le plan de Béline : déshériter les filles d'Argan

Dans le même temps Béline travaille à être l'héritière exclusive de son mari. La complicité d'un notaire escroc lui permet de contourner la loi (I, 7). Il lui faut surtout empêcher Angélique de se marier avec qui que ce soit et d'avoir des enfants. La seule solution est de pousser son père à la vouer à la vie religieuse et à l'enfermer dans un couvent. La fausse mort d'Argan révélera son hypocrisie et fera échouer son plan (III, 12).

3. LES CAMPS EN PRÉSENCE

Les personnages se répartissent en deux camps opposés : l'un est hostile à Angélique, l'autre lui est favorable.

Le camp hostile à Angélique

• C'est le plus fourni et le plus redoutable. Il comprend Argan qui, en tant que chef de famille, dispose de toute l'autorité nécessaire pour imposer ses volontés. Béline, par intérêt personnel, le soutient et cherche à l'amener à ses vues.

• Les Diafoirus père et fils lui sont doublement favorables : par intérêt professionnel, Argan étant un patient financièrement aisé ; et par intérêt personnel, Thomas Diafoirus devant épouser Angélique. Quant au docteur Purgon, il a longtemps été du côté de son neveu Thomas, donc d'Argan, au point de lui faire une donation sous condition de son mariage.

• Nombreux sont ainsi les opposants à Angélique et à ses amours. Mais si nombreux soient-ils, tous dépendent du bon vouloir d'Argan.

Le camp favorable à Angélique

• Comparativement, les alliés d'Angélique sont moindres et, a priori, moins puissants. Ce sont principalement Béralde et Toinette, qui estiment tous deux qu'elle doit épouser l'homme qu'elle aime (Cléante). Longtemps ils échouent à faire entendre raison à Argan. Celui-ci s'énerve dès que son frère plaide en faveur de sa nièce (III, 3). Le travestissement de Toinette en faux médecin ne dégoûte pas Argan comme elle l'espérait de « son monsieur Purgon » (III, 2).

• Quant à Cléante dont l'influence sur le déroulement de l'action est faible, il se fait chasser par Argan à la fin de sa leçon de musique (II, 5). Seule l'ingéniosité de Toinette et de Béralde retournera la situation à l'avantage d'Angélique.

4. LA PROGRESSION DE L'ACTION

C'est une progression linéaire qui d'acte en acte conduit au dénouement.

L'acte I : l'identification de l'enjeu et des obstacles

• C'est la présentation d'Argan en tant que « malade imaginaire ». L'impressionnante liste de ses traitements indique d'emblée qu'il se croit malade (I, 1). Mais sa maladie n'est jamais clairement diagnostiquée et selon Toinette il ne souffre de rien (I, 2). C'est donc un hypocondriaque.

• Les obstacles au bonheur d'Angélique sont clairement identifiés : son père et Béline, sa belle-mère.

L'acte II : l'élimination du prétendant officiel

• Rival de Cléante, soutenu par Argan, Thomas Diafoirus se révèle trop ridicule et trop stupide pour espérer épouser Angélique, qui l'éconduit sans ménagement : « Si Monsieur est honnête homme, il ne doit point vouloir accepter une personne qui serait à lui par contraire » (II, 6).

• Très vite la question n'est donc pas de savoir si son mariage avec Thomas aura lieu, mais à la suite de quelles circonstances il n'aura jamais lieu.

L'acte III : un dénouement heureux in extremis

Reste à lever les derniers obstacles que représentent Béline et Argan. Une ruse élimine Béline, qui ne peut cacher sa joie à la (fausse) mort de son mari. Un remède imaginaire qui consiste à faire d'Argan son propre médecin vient à bout des réticences de ce dernier. Argan va pouvoir se complaire dans son automédication, et Angélique pourra épouser son Cléante.

Un schéma pour retenir

La structure de la pièce

1 entremêle plusieurs actions :
- une action principale : soigner Argan
- deux actions secondaires : le mariage d'Angélique et les manœuvres de Béline

2 oppose deux camps :
- l'un hostile à Angélique
- l'autre favorable à Angélique

3 repose sur une progression linéaire de l'action :
- identification des obstacles
- élimination de ces obstacles
- dénouement heureux

3 Les personnages

Le Malade imaginaire comporte un nombre élevé de personnages : douze au total. Beaucoup d'entre eux appartiennent à la famille d'Argan : Béline, sa seconde épouse ; Angélique et Louison, ses deux filles nées d'un premier lit ; et Béralde, son frère. Cléante et Thomas Diafoirus, aspirent à en faire partie en devenant le gendre d'Argan. Toinette, la servante, complète la maisonnée.

1. ARGAN, LE FAUX MALADE CRÉDULE ET TYRANNIQUE

Une forte présence scénique

Interprété par Molière, Argan apparaît dans vingt-sept scènes sur les trente-et-une que totalise la pièce, sans compter le dernier « intermède » où il est au centre de la « cérémonie » qui le consacre « docteur ». Même pour un personnage principal, cette omniprésence est tout à fait exceptionnelle. Argan domine ainsi toute l'action. Sur le plan dramaturgique, la pièce repose sur lui, et le succès sur le talent de l'acteur qui l'incarne.

Un riche bourgeois

- Argan est un bourgeois fortuné. « Par précaution », il a caché dans sa chambre la somme alors considérable de vingt mille francs or et deux reconnaissances de dettes (I, 7). À quoi s'ajoutent sa résidence parisienne et, sans doute, quelques biens en province, qui justifient l'existence d'un testament.
- Sa fortune est convoitée par Béline et lui attire les soins empressés d'un apothicaire et de médecins qui voient en lui « une bonne vache à lait » (I, 2). Se soigner coûtait cher à l'époque.

• Argan n'oublie jamais son intérêt. Il réduit d'office les honoraires de son apothicaire (I, 1), la profession passant alors pour fortement les exagérer. Parmi les raisons qui le poussent à souhaiter avoir Thomas Diafoirus pour gendre figurent des considérations financières. Enfant unique, donc seul héritier, de son père, Thomas héritera en outre des huit mille livres de rente que son oncle, Monsieur Purgon, lui laisse par donation. Comme le constate Argan, c'est « quelque chose » (I, 5).

Un époux crédule

• Marié en secondes noces à Béline, Argan se laisse prendre aux paroles aimables et aux gestes de (fausse) tendresse de celle-ci. Lui ne cesse de l'adorer. Sa « chère femme » est sa « consolation » (I, 6).

• Les mises en garde successives de Toinette et de Béralde sur l'hypocrisie de Béline ne font que l'irriter et le poussent à prendre avec plus de force encore sa défense. À son frère qui tente une nouvelle fois de l'avertir, il réplique avec agacement et ironie : « Oh çà ! nous y voici. Voilà d'abord la pauvre femme en jeu : c'est elle qui fait tout le mal, et tout le monde lui en veut » (III, 3). Longtemps, jusqu'à la scène 12 de l'acte III, Argan accorde à Béline une confiance et un amour aveugles.

Un père tyrannique

• En tant que père et conformément aux lois de l'époque, Argan dispose de toute autorité sur ses filles, qu'il peut à son gré marier ou expédier dans un couvent. À chaque fois que sont contestées ses décisions, il rappelle qu'il est le maître : « Je lui commande absolument de se préparer à prendre le mari que je dis » (I, 5). À Béralde qui s'étonne de sa décision de mettre Angélique dans un couvent, il réplique : « D'où vient, mon frère, que je suis maître dans ma famille pour faire ce que bon me semble ? » (III, 3).

• C'est à ce titre qu'il menace Louison, sa fille cadette, du fouet, (les châtiments corporels étant alors courants et nullement interdits). Argan aime à rappeler le pouvoir dont il dispose et il le rappelle d'autant plus fort qu'il se montre par ailleurs fort crédule.

Un malade égoïste et enfantin

• Argan est enfin un hypocondriaque, clamant sans cesse qu'il est malade et redoutant de l'être chaque jour davantage. C'est que s'imaginer malade paradoxalement le rassure. Il adore en effet être traité comme un enfant. Sa femme l'appelle son « fils », son « pauvre petit fils », son « petit mari » ou son « petit ami » sans qu'il trouve à redire à cette infantilisation. Elle lui arrange ses oreillers comme on le ferait à un bébé. Son égoïsme s'accommode de cette situation somme toute confortable pour lui : il n'a rien à faire puisque tout le monde s'occupe de lui. Père tyrannique, époux crédule, Argan se comporte en enfant gâté. Lui tient-on tête ? Il feint un malaise (I, 5 et 6).

• Au fond de lui, la mort l'épouvante : « N'y a-t-il point quelque danger à contrefaire le mort ? » demande-t-il à Toinette qui lui suggère de simuler sa mort (III, 11). Tant qu'il est malade, donc soigné, il reste vivant. « Malade imaginaire », Argan ne peut évidemment jamais espérer guérir. Mais en devenant lui-même un médecin imaginaire, il sera à même de se soigner. Sa folie lui sera plus douce, comme elle le sera pour son entourage.

2. TOINETTE, LA SERVANTE DÉLURÉE

Apparaissant dans vingt-et-une scènes sur trente et une, Toinette est le personnage le plus présent sur scène juste après Argan.

Une servante indispensable et intelligente

• Tout le monde a besoin d'elle : Argan, pour le servir (I, 1) ; Angélique et Cléante, pour seconder leurs amours (I, 4 ; II, 1) ; et même Béline, pour l'aider à capter l'héritage de son mari (III, 12).

• Aussi, quand il le faut, ne se laisse-t-elle pas faire. Elle tient tête à Argan, à qui elle répond souvent avec un sens aigu de la repartie : « Si vous avez le plaisir de quereller, il faut bien que, de mon côté, j'aie le plaisir de pleurer » (I, 2). Elle prend le parti d'Angélique contre son père dont elle conteste les décisions (I, 5).

• Ses répliques ou ses formules sont justes et font sourire : elle n'hésite pas à dire que les médecins ont en Argan « une bonne vache à lait » (I, 2) ; « la bonne bête a ses raisons » (I, 5), dit-elle à propos de Béline, dont elle a percé l'hypocrisie.

Une servante malicieuse et capable d'initiatives

• Son rôle participe du comique de la pièce, notamment dans la parodie de consultation que, déguisée en médecin, elle donne à Argan (III, 10).

• Il est aussi essentiel dans le dénouement heureux de l'intrigue : c'est elle qui suggère à Argan de faire le mort et d'ainsi tester les sentiments véritables des uns et des autres (III, 11). Toinette est la servante la plus haute en couleurs de toutes celles que Molière a imaginées.

3. BÉLINE, L'ÉPOUSE HYPOCRITE

Béline n'apparaît que dans cinq scènes (I, 6,7 ; II, 6,7 ; III, 12). Si brève que soit sa présence scénique, elle n'en est pas moins un personnage majeur, dont le rôle est fortement dessiné.

Une épouse perfide

Béline joue l'épouse attentionnée, soucieuse de la santé de son mari, à qui elle dit être tendrement attachée : « Ah ! Monsieur, vous ne savez pas ce que c'est qu'un mari qu'on aime tendrement » dit-elle au notaire (I, 7). L'« oraison funèbre » qu'elle prononce devant ce qu'elle croit être le cadavre d'Argan prouve le contraire :

> “Un homme incommode à tout le monde, malpropre, dégoûtant, sans cesse un lavement ou une médecine dans le ventre, mouchant, toussant, crachant toujours, sans esprit, ennuyeux, de mauvaise humeur, fatiguant sans cesse les gens, et grondant jour et nuit servantes et valets.”
>
> (III, 12).

Il est difficile d'être plus cinglant.

Une femme intéressée

Béline n'a en réalité épousé Argan que pour capter sa fortune. Angélique la range au nombre de celles qui se marient « pour s'enrichir par la mort de ceux qu'elles épousent, et courent sans scrupule de mari en mari pour s'approprier, leurs dépouilles [= leurs biens] » (II, 6). Le reproche est aussi rude que justifié. Dès la (fausse) mort d'Argan, elle s'écrie : « Il y a des papiers, il y a de l'argent dont je veux me saisir, et il n'est pas juste que j'ai passé sans fruit auprès de lui mes plus belles années » (III, 12). Sa captation d'héritage lui semble un dédommagement naturel. Il s'en faudrait de peu pour qu'au moins à ses propres yeux elle passe pour une victime. Tant de cynisme déconcerte.

Une dangereuse manipulatrice

Sa cupidité la rend d'autant plus calculatrice et dangereuse. Béline incite Argan à faire de ses deux filles des religieuses (I, 5) – ce qui les éliminerait automatiquement de la succession de leur père. Elle s'est en outre acquis les services d'un notaire malhonnête (I, 7) bien qu'il s'appelle ironiquement Monsieur Bonnefoi. Béline n'hésite pas à espionner Angélique et à la dénoncer à son père parce qu'elle reçoit un « jeune homme » (Cléante) dans sa chambre (II, 7). Enfin, croyant son mari mort, elle cherche à se faire de Toinette une alliée : « Il faut, Toinette, que tu m'aides à exécuter mon dessein, et tu peux croire qu'en me servant ta récompense est sûre » (III, 12). Malgré tous ses stratagèmes, Béline est démasquée.

4. BÉRALDE, LE FRÈRE RAISONNABLE

Béralde apparaît dans la dernière scène de l'acte II et est présent durant tout le troisième acte. Il est l'exact opposé d'Argan.

Un homme sensé

- Lucide, Béralde ne croit pas son frère malade ; clairvoyant, il a percé le double jeu de Béline ; bienveillant et sensé, il est l'avocat d'Angélique auprès de son père et il soutient Cléante contre Thomas Diafoirus (III, 3).
- « Raisonner » est un mot qui revient souvent dans sa bouche. Il aime argumenter, convaincre et ne déteste rien tant que les cris et les entêtements : « Vous voulez bien, mon frère, que je vous demande, avant toute chose, de ne vous point échauffer l'esprit dans notre conversation » (III, 3).

Un homme d'initiative

- Son influence sur le cours de l'action est forte et finalement décisive. C'est lui qui a l'idée du deuxième intermède afin de divertir Argan et de le rendre plus disposé à entendre ce qu'il a à lui dire (II, 9).
- Il propose surtout à Argan de se faire « médecin » (III, 14) : à « malade imaginaire », médecin imaginaire ! « La commodité sera encore plus grande, d'avoir en vous tout ce qu'il vous faut » (III, 14). Il lui revient donc de concevoir et d'administrer le seul remède qui puisse satisfaire son frère, c'est-à-dire de l'entretenir dans une folie qui lui sera douce.

Un sceptique en médecine

- À la différence d'Argan, Béralde n'a aucune confiance dans les médecins et encore moins dans la médecine. Celle-ci lui semble être une « plaisante momerie » et ceux-ci, des exploiteurs de la crédulité humaine (III, 3). Seule la nature peut à ses yeux guérir un malade.

• Une telle position est pour un lecteur moderne difficilement compréhensible et, a priori, incompatible avec le fait d'être raisonnable. Elle reflète en réalité une attitude philosophique alors partagée par certains milieux érudits pour qui la complexité et les « mystères » du corps humain rendent vain tout traitement thérapeutique (III, 3). Béralde, lui-même, dit d'ailleurs « regarder les choses en philosophe » (III, 3). Il n'y a rien d'autre à faire qu'à supporter avec courage et dignité ce qu'on ne peut éviter ou modifier.

• Molière a-t-il fait de Béralde le porte-parole de ses propres convictions ? Force est en tout cas de constater que par un étonnant retournement de situation, Béralde, personnage créé par Molière, prend la défense de Molière auteur, apparemment aussi sceptique que lui.

5. ANGÉLIQUE, LA JEUNE FILLE AMOUREUSE

Présente dans treize scènes, Angélique est la fille aînée d'Argan et est âgée d'environ dix-sept ou dix-huit ans.

Une jeune fille à marier

Son mariage est un des enjeux de l'intrigue. Elle aime Cléante, qu'elle a rencontré au théâtre (II, 1) et pour lequel elle a éprouvé un véritable coup de foudre (I, 4). Sa passion se heurte aux volontés de son père qui souhaite, lui, avoir un médecin pour gendre. Du choix de son mari dépend son bonheur ou son malheur. Angélique peut devenir la victime des lubies médicales de son père.

Une jeune fille résolue

• Aussi Angélique défend-elle avec énergie son droit au bonheur. Elle repousse sans ménagement les avances de Thomas Diafoirus : « votre mérite n'a pas encore fait assez d'impression dans mon âme » (II, 6). Elle s'oppose frontalement à Béline, sa belle-mère, qu'elle accuse en des mots à peine voilés d'hypocrisie et de cupidité (II, 6). Prête à perdre sa part d'héritage en épousant Cléante (I, 8), elle envisage, si elle ne peut le faire, de ne jamais se marier et de se retirer dans un couvent (III, 14).

• Généreuse et aimant malgré tout son père comme le prouvent ses réactions à la (fausse) mort de ce dernier, elle finit par épouser l'homme qu'elle aime. Son bonheur confère à la pièce son dénouement heureux.

6. LOUISON, L'ENFANT RUSÉE

Rares sont les enfants dans les comédies du XVIIe siècle. Sœur cadette d'Angélique, âgée de seulement huit ans, Louison est à ce titre une exception. Elle n'intervient que dans une scène (II, 8). De l'enfant qu'elle est encore, elle possède le vocabulaire, notamment quand elle appelle Argan « mon papa » ou « mon petit papa ». Mais elle est déjà futée, recourant à la ruse pour éviter le fouet. Complice de sa sœur, elle ne la trahit pas vraiment. Si, menacée, elle se résout à confirmer la présence de Cléante dans la chambre d'Angélique, elle n'apprend en définitive à son père que ce que celui-ci savait déjà.

7. CLÉANTE, L'AMOUREUX PRESQUE TROP IDÉAL

Présent dans six scènes, Cléante apparaît plus fade en comparaison d'Angélique.

Un jeune homme très convenable

Il possède toutes les qualités propres à un parfait soupirant, tel qu'on le trouve dans les romans galants de l'époque. Selon le portrait qu'Angélique fait de lui, Cléante est séduisant, éperdument amoureux et courageux : il l'a protégée d'importuns trop entreprenants (I, 4). Cultivé, il sait versifier, chanter. Peut-être est-il noble. Il souhaite épouser Angélique le plus tôt possible.

Un jeune homme ingénieux et maladroit

Cléante ne possède pas toutefois la seule qualité qui importe à Argan : il n'est pas médecin (III, 14). Aussi est-il obligé de recourir à la ruse : c'est sous le déguisement et l'identité d'un maître de musique qu'il s'introduit chez Argan. Sa leçon de chant se change en une poétique déclaration d'amour, qui finit par éveiller la vigilance d'Argan (II, 5). Cléante n'a en définitive qu'une faible influence sur le déroulement de l'intrigue.

Un schéma pour retenir

Les personnages principaux

1. **Argan, un extravagant**
   - un époux crédule
   - un chef de famille autoritaire
   - un « malade imaginaire »
2. **Toinette, une servante haute en couleurs**
   - une servante indispensable et délurée
   - l'avocate d'Angélique
   - un faux médecin
3. **Béline, une hypocrite**
   - une épouse intéressée
   - une femme dangereuse
   - une manipulatrice
4. **Angélique et Cléante, deux amoureux**
   - une jeune fille déterminée
   - un jeune homme presque trop parfait

4 Un thème clé : les médecins et la médecine

Le Malade imaginaire renferme une satire des médecins et, plus profondément, un débat sur la médecine. Les praticiens y sont tous ridicules. Dès lors que faut-il penser de la médecine ?

1. DES PRATICIENS RIDICULES

La pièce compte un apothicaire (Monsieur Fleurant), trois vrais médecins (Monsieur Purgon et les Diafoirus père et fils) et un faux docteur (Toinette).

L'apothicaire Monsieur Fleurant

• L'apothicaire était chargé de préparer et d'administrer les médicaments et potions prescrits par le médecin, dont il était l'adjoint. Monsieur Fleurant veille principalement au bon fonctionnement des intestins d'Argan à qui il peut donner jusqu'à vingt lavements par mois (I, 1). Il n'apparaît que dans une seule scène (III, 4), une seringue à la main, non pas pour effectuer une piqûre mais un lavement par injection d'eau.

• Courtois jusqu'à l'excès, gonflant généreusement ses honoraires (I, 1), il est imbu de sa fonction. Aussi s'empresse-t-il de rapporter à Monsieur Purgon la manière dont Béralde l'a expulsé de la chambre d'Argan, l'empêchant ainsi de faire son métier (III, 4).

Le docteur Purgon

• « Homme tout médecin, depuis la tête jusqu'aux pieds » (III, 3), il est le médecin traitant d'Argan. Persuadé de la justesse de ses pratiques, il est aussi honnête qu'incompétent. Selon Béralde, c'est « de la meilleure foi du monde qu'il vous expédiera, et il ne fera, en vous tuant, que ce qu'il a fait à sa femme et à ses enfants, et ce qu'en un besoin il ferait à lui-même » (III, 3).

• Le docteur Purgon n'est pas un escroc. Son honnêteté est réelle : il préfère renoncer à la clientèle d'Argan, pourtant financièrement rentable, plutôt que de voir ses ordonnances négligées (III, 5).

Les Diafoirus père et fils

• Tous deux sont aussi stupides l'un que l'autre. Le père est fier d'avoir un fils borné et le fils d'avoir un père obtus. Leurs pratiques médicales se résument à user d'un vocabulaire incompréhensible, parsemé de formules latines. Les diagnostics qu'ils émettent sont à leurs yeux secondaires : puisque tous les organes sont reliés entre eux, il n'y a pas lieu de les distinguer. Pour eux, être malade du foie ou de la rate, c'est la même chose.

• Leur incompétence n'a d'égal que leur conservatisme. Diafoirus père se vante de n'accorder aucun crédit aux « prétendues découvertes de [leur] siècle, touchant la circulation du sang » (II, 5). Cette découverte, due à l'Anglais William Harvey (1578-1657), datait de 1628 et était encore officiellement combattue en 1673 par la Faculté de médecine de Paris !

• À son ignorance et à son inefficacité, Thomas Diafoirus, le fils, ajoute la stupidité d'un niais qui ne connaît pas les règles élémentaires de la galanterie. Comme le précise une didascalie, c'est « un grand benêt [...] qui fait toutes choses de mauvaise grâce et à contretemps » (II, 5). Ses maladresses s'ajoutent donc à sa bêtise.

Toinette, médecin imaginaire

Toinette est un faux médecin, mais elle ne se révèle pas pire que les vrais. Sa consultation est burlesque (III, 10). Elle consiste à prendre le contre-pied des ordonnances de Monsieur Purgon, tout comme les Diafoirus avant elle. Il est tout aussi ridicule de tout rapporter comme elle le fait au poumon que de confondre le foie et la rate ! Si le faux médecin est aussi inintelligent que le vrai, comment les distinguer l'un de l'autre ? Tous sombrent dans le ridicule.

Une satire traditionnelle

- Cette caricature des médecins appartient à une tradition comique qui remonte au Moyen-Âge. La *commedia dell'arte* italienne avait, de son côté, fait du Docteur un type de personnage aussi ridicule que le Fanfaron.
- Molière n'innovait donc pas en les ridiculisant à son tour (même si par ailleurs il entretenait de bonnes relations avec son médecin personnel, Armand-Jean de Mauvillain).

2. POUR OU CONTRE LA MÉDECINE ?

Caricaturer les médecins est une chose, s'en prendre à la médecine en est une autre, de bien plus grande importance. Or dans le débat qui s'engage entre Argan et Béralde dans la scène 3 de l'acte III, c'est bien la médecine elle-même qui est en cause. Avec quels arguments ?

Les arguments d'Argan en faveur de la médecine

Argan invoque principalement trois arguments en faveur de la médecine :

- la tradition : la médecine est une discipline ancienne, pratiquée depuis la plus haute Antiquité. Au XVIIe siècle, un des critères de la vérité reste encore l'ancienneté. Plus une opinion ou une pratique est séculaire, plus elle est tenue pour vraie ;
- le savoir : les médecins sont des savants : « sur cette matière [les maladies], les médecins en savent plus que les autres » ;
- le constat d'expérience : « dans la maladie, tout le monde a recours aux médecins. »

Les arguments de Béralde contre la médecine

Béralde réfute chacun de ces trois arguments :

– la médecine est à ses yeux une orgueilleuse prétention. Si ancienne soit-elle, elle est une « plaisante momerie », c'est-à-dire une mascarade. Il ne voit « rien de plus ridicule qu'un homme qui se veut mêler d'en guérir un autre » ;

– elle est aussi une hypocrisie. Le savoir des médecins est un « pompeux galimatias [...] qui vous donne des mots pour des raisons, et des promesses pour des effets ». Autrement dit, ce savoir est totalement inefficace ;

– enfin, elle est une exploitation des faiblesses humaines. Rien n'est plus humain que d'espérer guérir quand on est malade. C'est sur cette réaction et cet espoir que les médecins se fondent pour justifier leur métier : « C'est une marque de faiblesse humaine, et non pas de la vérité de leur art. »

Laisser faire la nature ?

• À la question, que lui pose Argan, de savoir ce qu'il convient de faire quand on est malade, Béralde répond : « Rien » : « la nature nous a mis au-devant des yeux des voiles trop épais pour y connaître quelque chose ». Il convient donc de la laisser faire. Si l'on est de bonne constitution, tout ira bien. Dans le cas contraire, il est dans l'ordre des choses de tôt ou tard mourir.

• Béralde réagit plus en « philosophe » (lui-même emploie le mot) qu'en scientifique. Il rejoint la position de Montaigne qui dénonçait la « lâcheté » des hommes à espérer de la médecine leur guérison (*Essais*, 1580-1588). Philosophiquement, Montaigne se rattachait au stoïcisme, qui prônait de supporter avec courage les maux et malheurs dont l'homme n'était pas responsable. Molière avait lu ses *Essais*.

• Mais il avait aussi pour amis et relations des adeptes de l'épicurisme, qui, par d'autres voies et pour d'autres raisons, parvenaient à la même conclusion : la Nature seule peut rétablir la santé d'un homme que des excès ou la malchance ont altérée. Béralde est-il épicurien ? stoïcien ? En tout cas, ses propos n'avaient en leur temps rien d'étrange.

Un schéma pour retenir

La médecine

1 est représentée par des praticiens ridicules :
- Monsieur Fleurant, l'apothicaire imbu de sa fonction
- Monsieur Purgon, le médecin traitant incompétent
- les Diafoirus, des médecins stupides et conservateurs

2 est défendue par Argan :
- elle existe depuis la plus haute Antiquité
- elle nécessite un savoir immense
- l'expérience prouve sa légitimité

3 est condamnée par Béralde :
- elle est une prétention ridicule
- elle est une hypocrisie
- elle exploite les faiblesses humaines

5 Les ressorts du comique

Le Malade imaginaire est une pièce profondément comique. Elle renferme toute la gamme des procédés suscitant le rire ou le sourire, depuis les plus élémentaires jusqu'aux plus élaborés.

1. LE COMIQUE VISUEL

Immédiatement perceptible lors d'une représentation, ce comique visuel doit être reconstitué en pensée lors d'une lecture. Hérité de la farce et de la *commedia dell'arte* – le théâtre populaire italien dont les acteurs étaient aussi des acrobates ou des gymnastes –, il comprend le comique de gestes, des mimes et des déguisements.

Le comique de gestes

Cavalcades, querelles et coups de bâtons ponctuent l'action. À deux reprises (I, 3 et III, 1) Argan se précipite au « bassin ». « En colère », le voici qui court après Toinette « autour de sa chaise, son bâton à la main » (I, 5). Toinette lui met « rudement un oreiller sur la tête ». La réaction d'Argan ne se fait pas attendre : il se lève « en colère » et lui jette tous ses oreillers, avant de retomber sur sa chaise « tout essoufflé » (I, 6). Plus tard, Argan menace du fouet la petite Louison si elle ne lui dit pas toute la vérité. Celle-ci se jette en vain à genoux, déjà son père la prend « pour la fouetter » (II, 8). Le premier intermède voit Polichinelle recevoir « en cadence » des coups sur la tête, des « croquignoles » puis des coups de bâton.

Mimes et sketches

• Ils sont nombreux. Comme Argan demande à Toinette de parler bas afin de ne pas lui « ébranler tout le cerveau » (II, 2), celle-ci feint de parler. Aucun son ne sort plus de sa bouche, Argan pensant mal entendre lui demande donc de parler plus fort. Ce que Toinette fait aussitôt. Ce jeu ne peut que faire sourire.

- Pour échapper au fouet, Louison « contrefait la morte » (II, 8). Il faut l'imaginer s'effondrer, rester immobile puis ressusciter sous le regard un instant désespéré de son père.
- Le deuxième intermède est un numéro de foire où des danseurs font faire des pirouettes à des singes.
- Dans le dernier acte, Argan fait à son tour le mort puis se relève. Béline est « surprise et épouvantée » et s'enfuit tandis que Béralde sort de « l'endroit où il s'est caché » (III, 12).

Les déguisements

Trois personnages changent d'habit, donc d'identité, au théâtre l'habit fait toujours le moine :

- Cléante devient un maître de musique si bien déguisé que Toinette ne le reconnaît pas de prime abord (II, 1) ;
- Toinette endosse un habit de médecin, c'est-à-dire qu'elle porte une longue toge noire avec un rabat blanc et un chapeau plus ou moins pointu (III, 8 et 10). Ces deux déguisements ont pour but de tromper Argan, qui tombe à chaque fois dans le panneau, ce qui suscite le rire du spectateur ;
- le troisième intermède qui voit Argan endosser l'habit des médecins prend enfin l'aspect d'un carnaval où tout le monde revêt les habits de chirurgien, d'apothicaire ou naturellement de médecin. Le monde est devenu un vaste travestissement.

2. LES JEUX DE LANGAGE

Dans une comédie, le langage est la source naturelle du comique : la fabrication des noms propres, l'utilisation de certains mots et des formules bien assénées en sont les diverses expressions.

Le comique des noms propres

• Molière affuble ses médecins de patronymes en soi aussi ridicules qu'expressifs :
- le grand prescripteur de lavements est le docteur Purgon, nom fabriqué à partir du mot « purge » ;
- chargé de les administrer, l'apothicaire s'appelle Fleurant, d'après le verbe « fleurer », sentir ;
- Diafoirus est construit sur le mot « foire », synonyme de diarrhée.

La farce raffolait de ces allusions scatologiques (plaisanteries grossières où il est question d'excréments).

• Quant à Béline, qui ne cesse d'appeler son mari son « fils », son « petit ami », son nom dérive de « bélin », un mouton ; elle est celle qui bêle. C'est au passage une indication sur la manière dont doit s'exprimer l'actrice qui interprète le rôle.

Le comique de mots

• Le galimatias scientifique et latin dont se servent les Diafoirus père et fils fait sourire ou rire, parce qu'il recouvre de mots savants leur incompétence et qu'il est donc une imposture : « parenchyme splénique », « caprisant », « méats cholidoques » (II, 6)... Le docteur Purgon en abuse dans ses malédictions contre Argan. Il veut que celui-ci tombe dans la « bradypepsie » puis « de la bradypepsie dans la dyspepsie » et « de la dyspepsie dans l'apepsie » (III, 5)... Le mécanisme de répétition, l'écholalie (retour des mêmes sons en « sie ») et les réactions suppliantes d'Argan (« Monsieur Purgon ! ») accentuent le comique de la scène. Toinette recourt à ce même comique de répétition en attribuant toutes les maladies au poumon : « Le poumon, le poumon, vous dis-je » (III, 10).

• La stichomythie (échanges rapides entre des interlocuteurs) crée également un effet comique. La querelle entre Toinette et Argan en est un exemple (I, 5) :

« TOINETTE. – Elle ne le fera pas, vous dis-je.
ARGAN. – Elle le fera, ou je la mettrai dans un convent.
TOINETTE. – Vous ?
ARGAN. – Moi.
TOINETTE. – Bon.
ARGAN. – Comment, « bon ». »

• La cacophonie produit le même effet. Argan et Diafoirus père parlent, s'interrompent et se reparlent «en même temps» (II, 5).
• Un jeu de mots ou une formule touche parfois au comique de l'absurde: «combien est-ce qu'il faut mettre de grains de sel dans un œuf?» (II, 6).

Des formules ironiques, lestes ou spirituelles

• Railleuse, Toinette use souvent de l'ironie. « Vivent les collèges, d'où l'on sort si habile homme ! », s'exclame-t-elle pour se moquer de Thomas Diafoirus; ou encore: « Il y en a qui donnent la comédie à leurs maîtresses, mais donner une dissection est quelque chose de plus galant » (II, 5).
• Béralde sait lui aussi être ironique, quand il lance à l'apothicaire préposé au lavement: « on voit bien que vous n'avez pas accoutumé de parler à des visages » (III, 4).
• Certaines formules sont enfin plaisantes: « vache à lait » (I, 2) ; « les grimaces d'amour ressemblent fort à la vérité, et j'ai vu de grands comédiens là-dessus » (I, 4).

3. LA PRÉDOMINANCE DU RIDICULE

Le ridicule est omniprésent dans la pièce: il se manifeste dans le comique de situation, de mœurs et de caractère.

Le comique de situation

• Comme son nom l'indique, ce type de comique ne naît pas de ce que fait ou dit un personnage, mais de la situation dans laquelle il se trouve. Plus élaboré que le comique de gestes ou de mots, le procédé trouve son application la plus parfaite dans le quiproquo. Angélique en est bien malgré elle la victime. Son père lui vante les qualités de son futur mari en qui elle croit reconnaître Cléante alors qu'il s'agit en réalité de Thomas Diafoirus (I, 5). Ce dernier n'est pas la victime mais l'auteur d'un autre quiproquo : il prend sa future femme pour sa belle-mère (II, 5) !

• Autre exemple de comique de situation : la leçon de chant que Cléante donne à Angélique est en réalité une déclaration d'amour déguisée faite au nez et à la barbe d'Argan qui met longtemps à réagir (II, 5). La scène de présentation de Thomas Diafoirus à Angélique parodie la scène de la déclaration amoureuse souvent décrite dans les romans. Son discours est alambiqué et hautement risible :

> « Souffrez donc, Mademoiselle, que j'appende aujourd'hui à l'autel de vos charmes l'offrande de ce cœur, qui ne respire ni n'ambitionne autre gloire, que d'être toute sa vie, Mademoiselle, votre très humble, très obéissant et très fidèle serviteur et mari. »
>
> (II, 5)

Le comique de mœurs

• Il réside essentiellement dans la satire des médecins. C'est toute une profession que la pièce ridiculise : leurs manières de s'exprimer, de pratiquer une consultation, leur arrogance et leurs prétentions qui contrastent avec leur incompétence. Les Diafoirus sont stupides et s'enorgueillissent de l'être. Ils sont obstinément hostiles à toute idée de progrès, comme le rappelle Diafoirus père parlant de son fils :

> « Mais sur toute chose ce qui me plaît de lui, et en quoi il suit mon exemple, c'est qu'il s'attache aveuglément aux opinions de nos anciens, et que jamais il n'a voulu comprendre ni écouter les raisons et les expériences des prétendues découvertes de notre siècle, touchant la circulation du sang et autres opinions de même farine. »
>
> (II, 5)

• Moins caricatural, Monsieur Purgon n'est pas moins ridicule, tant il est imbu de l'importance de ses fonctions. Il assimile l'expulsion de son apothicaire par Béralde à un « crime de lèse-Faculté [de médecine] », comparable à un crime de lèse-majesté. Ses malédictions à l'encontre d'Argan sont grotesques (III, 5).
• La consultation que Toinette, déguisée en médecin, donne à Argan, verse dans un burlesque qui rejaillit sur toutes les consultations :

> « Voilà un bras que je me ferais couper tout à l'heure, si j'étais que de vous [...] Vous avez là aussi un œil droit que je me ferais crever, si j'étais en votre place. »
>
> (III, 10)

Le comique de caractère

• C'est la forme la plus élaborée du comique. Il procède d'un décalage constant entre la manie ou la folie d'un personnage et l'usage, la norme sociale ou raisonnable habituellement admise. Argan est ainsi un personnage profondément comique, non parce qu'il serait malade mais parce qu'il ne l'est qu'en imagination. Il appartient à la catégorie des « extravagants » comme on disait au XVIIe siècle. Aucun des personnages sensés qui l'entourent (Toinette et Béralde) ne le prend au sérieux.
• De son côté, Thomas Diafoirus se distingue de son père par un surcroît de bêtise. Comme le précise une didascalie, qui en fait le portrait, c'est « un grand benêt nouvellement sorti des Écoles » (II, 5) !
• Angélique, tout à l'émerveillement d'aimer, qui ne cesse de vanter le charme et les qualités de Cléante, apporte en contrepoint une note souriante à ce comique de caractère (I, 4).
• Rarement, en définitive, une comédie n'a autant concentré de procédés comiques que dans *Le Malade imaginaire*.

Un schéma pour retenir

Le comique

1. **apparaît de manière visuelle :**
   - des personnages qui courent et se querellent
   - des personnages qui font semblant de parler ou de mourir
   - des personnages qui se déguisent

2. **se manifeste par des jeux de langage :**
   - des noms ridicules
   - un vocabulaire trop savant et des jeux de mots
   - l'usage de l'ironie

3. **est provoqué par la prédominance du ridicule :**
   - des quiproquos et des parodies
   - une satire des médecins
   - des personnages extravagants

6 Une comédie classique ?

Le Malade imaginaire est-il une comédie classique ? La réponse à cette question dépend des critères que l'on prend en compte. Au XVIIe siècle, toute pièce de théâtre, qu'elle fût une tragédie ou une comédie, se devait de respecter un certain nombre de règles. Art de construire et de composer une pièce, la dramaturgie les définissait et précisait. Or *Le Malade imaginaire* respecte fort peu ces règles et ne peut à ce titre être considéré comme une comédie vraiment classique. Mais si l'on s'intéresse moins à sa technicité qu'à l'esprit qui a présidé à son élaboration, force est alors de constater que la dernière pièce de Molière reste classique.

1. UN RESPECT APPROXIMATIF DES RÈGLES

Les unités d'action, de temps, de lieu et de ton ne sont pas scrupuleusement observées.

Une unité d'action parfois contestée

Le rideau se lève (I, 1) et s'abaisse sur un Argan malade (III, 14). Aucun événement ni traitement ne le font évoluer. D'où la critique qui a parfois été faite d'une absence d'unité d'action. Angélique épouse certes l'homme qu'elle aime, mais, rival malheureux de Cléante, Thomas Diafoirus ne constitue pas un danger bien grand. L'action semble se réduire à une succession de personnages et de tableaux : Argan en famille (I), face à ses médecins (II), débattant sur la médecine avec son frère (III), avant de devenir lui-même médecin.

Une unité de temps malmenée

Toute action devait en principe se dérouler en une journée au maximum, celle du *Malade imaginaire* s'étend sur deux jours :

– le premier acte se passe l'après-midi d'un premier jour, puisque, dit Argan, la décision de marier Angélique et Thomas Diafoirus a été prise « ce matin » même (I, 5) ;
– le premier intermède se déroule à la tombée de la nuit, Polichinelle donnant une « sérénade » à Toinette ;
– le deuxième acte se passe le lendemain, vraisemblablement dans l'après-midi ;
– le troisième acte n'en est séparé que par le temps nécessaire à la représentation du deuxième intermède ;
– le dernier intermède, lui, se produit dans la soirée de ce second jour.

Il faut beaucoup de bonne volonté ou d'indulgence pour conclure au respect de l'unité de temps.

Une unité de lieu imparfaite

L'action se passe principalement dans la « chambre » d'Argan. Mais le premier intermède « représente une ville », comme le précise une didascalie à la fin du premier acte (I, 8) et, plus précisément, une place où chante Polichinelle et où intervient le guet (la police). Retour ensuite à la chambre d'Argan pour les actes II et III. Le dernier intermède exige toutefois un changement de lieu, puisqu'il est difficilement imaginable que la chambre d'Argan serve de scène à plus de quarante figurants !

Une unité de ton totalement absente

Une des règles de la dramaturgie classique imposait un registre, un ton, constant. Ce n'est évidemment pas le cas avec *Le Malade imaginaire*. La farce y coexiste avec un débat philosophique sur la médecine (III, 3) ; et une pastorale chantée (II, 5) avec deux consultations médicales. Le rire peut y être grossier avec les allusions scatologiques (III, 4), devenir sourire devant les premières émotions amoureuses d'Angélique (I, 4) ou les ruses de la petite Louison (II, 8), se faire éclatant à cause de la stupidité des Diafoirus. Le Prologue et les trois intermèdes de la comédie-ballet accentuent enfin la diversité des registres.

2. UN RESPECT DE L'ESPRIT CLASSIQUE

Ces libertés prises par Molière vis-à-vis des règles incitent à conclure que *Le Malade imaginaire* n'est pas vraiment une comédie classique. Du moins en apparence et dans un premier temps. À défaut d'en observer les critères techniques, la pièce en respecte en effet l'esprit. L'unité d'action réside moins dans la tresse plus ou moins serrée des composantes de l'intrigue que dans Argan lui-même. Les bienséances y sont subtilement respectées. Un rythme échevelé ainsi qu'une gaieté permanente font que la pièce continue de plaire.

Argan, incarnation de l'unité d'action

- Presque constamment présent sur scène, Argan donne leur cohérence à des événements qui peuvent être sans grand rapport les uns avec les autres. Quel rapport par exemple entre le duo musical de Cléante et d'Angélique et la consultation burlesque que donne le faux docteur Toinette, sinon Argan ?
- D'acte en acte, celui-ci s'enfonce plus profondément dans sa folie : à sa hantise de n'avoir pas assez de médicaments (I) succède son obsession d'avoir un médecin dans sa famille, à ses côtés en permanence (II) puis son délire qui lui fait accepter de devenir son propre médecin (III).
- Seul dans sa chambre et se parlant à lui-même au début de la pièce (I, 1), Argan finit en héros d'un carnaval médical au milieu de dizaines de figurants qui l'acclament. C'est le triomphe de sa folie. D'où, l'impression apparente mais fausse que rien ne fait extérieurement évoluer l'intrigue, alors qu'elle ne fait qu'intérieurement s'approfondir.

Un subtil respect des bienséances

• La règle dite des bienséances était aussi importante que celle des unités d'action, de temps et de lieu. Elle imposait de ne pas choquer le spectateur : non par excès de pruderie mais parce qu'un spectateur choqué risquait de ne pas apprécier la pièce. Cela se traduisait en pratique par l'élimination de toute référence à la vie du corps (la nourriture, la sexualité...).

• Or *Le Malade imaginaire* est avant tout une comédie du corps et d'un corps que des prises excessives de médicaments détraquent. Les bienséances posaient donc à Molière un problème délicat à résoudre. Comment parler des intestins d'Argan et de ses besoins fréquents sans verser dans le grossier ? Ce qui était à la rigueur acceptable dans une farce ne l'était pas dans une comédie et encore moins dans une comédie-ballet.

• Molière procède principalement de quatre façons, par :

– le recours au vocabulaire médical et pharmaceutique, qui suggère sans insister : le séné, la casse, la rhubarbe dont il est question à la scène 1 de l'acte I sont des laxatifs. Le clystère avec lequel apparaît l'apothicaire (III, 4) devient une « seringue » ;

– les allusions qui laissent au spectateur le soin de les interpréter ou de les décoder. Quand Toinette parle par exemple de « ces affaires-là » ou Argan de sa « bile » (I, 2), il s'agit en fait des excréments de ce dernier ;

– les sorties précipitées d'Argan (I, 3 ; III, 1), chacun comprenant où il se rend ;

– le commentaire ironique, comme cette réplique de Béralde à l'apothicaire : « on voit bien que vous n'avez pas accoutumé de parler à des visages » (III, 4). Chargé d'administrer des lavements, Monsieur Fleurant voit en effet beaucoup de fesses !

Un rythme échevelé

• Les bienséances sont d'autant mieux respectées que le spectateur n'a guère le temps d'y penser. Le rythme de l'action est d'une grande rapidité. Les scènes dites de transition, qui annoncent la venue ou la sortie d'un personnage, sont très brèves (I, 3 ; I, 8 ; II, 1 ; III, 2) et elles conservent un lien direct avec l'intrigue. Comme, pour des raisons de vraisemblance, Argan ne peut écouter les confidences d'Angélique à Toinette, Molière le fait sortir de scène en expliquant qu'il court au « bassin » (I, 3). Le motif est plus que plausible. À peine Argan demande-t-il à voir Louison (II, 7) que celle-ci apparaît (II, 8).

• Le rythme s'accélère davantage encore quand Toinette doit apparaître déguisée en médecin puis reprendre aussitôt après sa tenue de servante (III, 8 et 9). Une didascalie précise même que Toinette « quitte son habit de médecin si promptement qu'il est difficile de croire que ce soit elle qui a paru en médecin » (III, 9). C'est une prouesse de jeu !

Une gaieté permanente

• Ce rythme endiablé concourt à la gaieté de la pièce. Le rire emporte tout sur son passage. Comique visuel hérité de la farce, jeux de mots, obsessions d'Argan, consultations burlesques, final de carnaval : chaque scène possède son ressort comique.

• La pièce qui aborde des sujets graves tels que la maladie ou la mort, multiplie les occasions de rire ou de sourire, comme si elle emportait tout dans une dérision universelle. Or c'est l'une des fonctions premières de la comédie que de faire rire.

7 Une comédie-ballet

À sa création, le 10 février 1673, *Le Malade imaginaire* est une comédie-ballet. De ce genre particulier de spectacle, Molière est l'inventeur. Il l'inaugura avec sa comédie des *Fâcheux* (1661) et il n'a cessé depuis cette date d'en améliorer la formule. *Le Malade imaginaire* est sa treizième (et dernière) comédie-ballet. Le but en est toujours le même : créer un spectacle total, complet, dans lequel la comédie proprement dite n'est qu'un élément, même s'il demeure central. Assurer la cohérence de l'ensemble par l'établissement de rapports entre les différentes parties constituait la principale difficulté.

1. VERS UN SPECTACLE TOTAL

Par définition, la comédie-ballet fait appel à de multiples disciplines artistiques afin d'offrir la représentation la plus fastueuse possible.

La collaboration de plusieurs disciplines artistiques

• La danse est omniprésente. Le prologue de 1673 comporte huit ballets. Le premier intermède en compte trois ; le deuxième, un seul et le troisième, quatre. Au total, ce divertissement comprend seize danses, sans compter les évolutions des divinités champêtres du prologue de 1674 et les coups de bâton donnés « en cadence » sur le dos de Polichinelle (premier intermède).
• Ces danses s'effectuent sur une musique composée par Marc Antoine Charpentier (1643-1704), ami et collaborateur de Molière. Des violonistes interviennent ainsi dans le prologue de 1673 et le premier intermède.

• Des chants dits a *capella* (sans accompagnement musical) se font entendre dans les deuxième et troisième intermèdes. Angélique et Cléante entonnent de leur côté un duo d'amour (II, 5).
• Les arts du cirque sont enfin sollicités : des « Mores [...] font sauter des singes », dans le deuxième intermède.
• Danses, musiques, chants et acrobaties s'associent donc au spectacle vivant qu'est une représentation théâtrale, pour créer un spectacle le plus artistiquement complet.

Une représentation fastueuse

• Par leur fréquent changement, les décors renforcent le plaisir du spectateur. Le prologue de 1673 se déroule dans « un lieu champêtre fort agréable »; celui de 1674, dans une « forêt ». Puis la scène se transforme pour représenter la chambre d'Argan. Celle-ci se change à son tour en une place où Polichinelle donne sa sérénade. Retour à la chambre pour les actes II et III. Le dernier intermède voit la reconstitution d'un amphithéâtre universitaire (de la Faculté de médecine) où Argan est solennellement déclaré docteur.
• Le nombre des figurants est impressionnant. Une « troupe de bergères et bergers » intervient dans le prologue de 1673 et « plusieurs faunes » dans celui de 1674. « Tout le guet » s'assemble dans le premier intermède ; et le dernier ne compte pas moins de quarante-six figurants. Tous disposent évidemment de costumes de scène particuliers.

De la comédie-ballet à la comédie parlée

Une telle représentation coûtait fort cher. Aujourd'hui encore, elle est financièrement trop lourde pour la plupart des théâtres. Aussi ceux-ci ont très vite pris l'habitude de jouer *Le Malade imaginaire* sans ses parties dansées et chantées. Ne subsistent que les trois actes de la pièce. La comédie-ballet disparaît, à l'exception du dernier intermède, indispensable au dénouement, dans une version toutefois réduite.

2. LES RAPPORTS ENTRE LES BALLETS ET L'INTRIGUE

Toute comédie-ballet se heurte à une difficulté majeure: celle de l'articulation des épisodes dansés et chantés avec l'intrigue de la comédie, en d'autres termes de leurs liens avec Argan, ses problèmes familiaux et médicaux. D'abord distendus, ces rapports se resserrent puis deviennent très étroits.

Un rapport distendu

• Des trois intermèdes, le premier est celui qui entretient avec l'intrigue le rapport le plus ténu. Étroitement surveillée, Angélique se demande comment prévenir Cléante de la volonté de son père de la marier à Thomas Diafoirus. Toinette se propose alors de l'informer par l'intermédiaire de Polichinelle, son amant (I, 8). Celui-ci vient donc donner une sérénade, successivement interrompu par l'apparition d'une vieille femme, par des musiciens puis par les gardes du guet. De ce Polichinelle, on n'avait jusqu'ici jamais entendu parler et on ne le revoit plus par la suite.

• Le fait que Cléante survienne dès le début de l'acte II laisse penser que Polichinelle s'est acquitté de sa mission. Mais Cléante ne le précise pas expressément: « on m'a averti », dit-il simplement (II, 1). De cette commission, Toinette aurait très bien pu se charger elle-même. Le lien entre ce premier intermède et l'intrigue est donc bien mince.

Un rapport plus serré

• Le deuxième intermède se justifie davantage. Sur le plan de l'action, il est proposé par Béralde, qui, venant chez son frère, a croisé une troupe de saltimbanques dont il s'est attaché les services. Sur le plan psychologique, il s'agit pour lui d'amadouer Argan:

> “Je vous amène ici un divertissement, que j'ai rencontré, qui dissipera votre chagrin, et vous rendra l'âme mieux disposée aux choses que nous avons à dire.”
>
> (II, 9)

• Ces « choses » concernent le mariage d'Angélique. Béralde considère même que ce spectacle possède une vertu curative, puisqu'il affirme que « cela vaudra bien une ordonnance de Monsieur Purgon » (II, 9).

Un rapport très étroit

• Quant au dernier intermède, il s'intègre franchement dans le déroulement de l'intrigue. À la proposition une nouvelle fois de Béralde, s'organise la cérémonie burlesque qui voit Argan devenir docteur. Non seulement celui-ci en est le personnage central mais il se trouve conforté dans sa folie. Faute de pouvoir guérir le « malade imaginaire » qu'il est, il devient son propre médecin imaginaire. Il ne redoutera plus de manquer de traitements et de médicaments, il ne se tourmentera plus d'être abandonné par Monsieur Purgon ou l'un de ses confrères et peut-être cessera-t-il de tyranniser son entourage. Le dénouement tourne en carnaval.

• La comédie-ballet est le triomphe des arts du spectacle et la victoire de l'imaginaire sur le réel.

8 Spectacle et comédie

Initialement, *Le Malade imaginaire* ne se réduisait pas à ses trois actes parlés et dialogués. Son prologue (de 1673 puis de 1674) et ses trois intermèdes en faisaient intrinsèquement partie. C'était une comédie-ballet qui, considérée dans son ensemble, constituait une mise en abyme du spectacle. Souvent amputée de nos jours pour des raisons financières de ses parties dansées et chantées, la pièce n'en présente pas moins la vie comme une comédie aux multiples visages et se réfère souvent au théâtre.

1. UNE MISE EN ABYME DU SPECTACLE

La mise en abyme est un procédé qui consiste à insérer dans une œuvre un élément qui la reflète : par exemple, dans le domaine de la peinture, un tableau contenant un tableau. Cette mise en abyme est fréquente dans *Le Malade imaginaire* : la comédie s'insère dans un spectacle originellement plus vaste ; des spectacles se glissent à leur tour dans la comédie, de sorte que cet emboîtement donne l'impression d'un carnaval généralisé.

Une comédie à l'intérieur du spectacle

• La pièce est encadrée au début par un prologue et à la fin par le troisième et dernier intermède :
– le long prologue de 1673 présente la comédie proprement dite du *Malade imaginaire* comme un divertissement conçu pour « délasser [Louis XIV] de ses nobles travaux » : après le dernier ballet, les faunes, bergers et bergères qui ont dansé et chanté vont se préparer pour la comédie ;
– plus bref le prologue de 1674 voit dans la pièce l'illustration de l'impuissance de la médecine à guérir notamment les peines de cœur ;

– quant au dernier intermède, il est une comédie bouffonne qui couronne l'intrigue.

• Les trois actes parlés du *Malade imaginaire* forment donc un spectacle qui s'insère dans un autre spectacle, chorégraphique celui-là, où interviennent des danseurs et des musiciens.

Des spectacles à l'intérieur de la comédie

Élément d'un spectacle, *Le Malade imaginaire* renferme à son tour plusieurs spectacles :

– Toinette a pour amant Polichinelle qui, dans le premier intermède, lui donne la sérénade. Il chante en italien une chanson d'amour, est interrompu par des violonistes puis par une vieille femme qui se moque de lui. Cris et début de querelle. Le guet (la police) intervient, bastonne Polichinelle « en cadence » qui soudoie les archers pour que cesse son supplice. Ce ballet aux allures de farce est en soi un spectacle, qui s'intercale entre les deux premiers actes ;

– il en va de même du deuxième intermède proposé par Béralde pour divertir Argan. De faux Égyptiens y dansent et chantent tout en faisant « sauter des singes ». C'est un numéro de foire ou de cirque entre les deuxième et troisième actes ;

– Cléante définit enfin sa leçon de musique à Angélique comme « un petit opéra impromptu » (II, 5), c'est-à-dire une improvisation vocale.

Un carnaval généralisé

Tous ces spectacles s'emboîtent les uns dans les autres comme des poupées russes. Or ils s'intègrent dans un spectacle encore plus vaste, du moins lors de la création de la pièce en février 1673 : celui du carnaval qui avait alors lieu dans la période du Mardi gras et auquel Béralde fait allusion (III, 14). Avec sa quarantaine de figurants, tous déguisés, qui chantent et dansent, le troisième intermède reproduit sur scène le carnaval qui se produisait dans les rues de Paris.

2. LA COMÉDIE DE LA VIE

Ces divertissements ne sont pas les seuls à relever de l'univers du spectacle, la vie quotidienne d'Argan et de Béline comporte également sa part de jeu, de comédie. Béline fait en effet de son hypocrisie un masque et un rôle: elle se comporte consciemment comme une actrice. Argan adopte, lui, la posture du malade, qu'il n'est que dans son imagination.

Hypocrisie et comédie chez Béline

- Par définition, l'hypocrisie est un jeu, certes immoral, mais un jeu tout de même. Elle consiste en effet à feindre des sentiments qu'on n'éprouve pas, à adopter des opinions qu'on ne partage pas. Elle est une apparence, une façade, bref une comédie. Ne dit-on pas d'ailleurs dans le langage courant que quelqu'un «joue la comédie»?
- Béline feint ainsi d'être l'épouse dévouée et aimante, qu'elle n'a jamais été. Chacune de ses apparitions est une posture, qui ne trompe personne, sauf Argan qui voit en elle l'amour de sa vie au point de vouloir en faire son héritière exclusive. Pour Toinette, elle conspire contre les intérêts d'Angélique (I, 8); et pour celle-ci, elle fait « du mariage un commerce de pur intérêt » (II, 6).
- Tout dément en Béline ses protestations de tendresse. Elle assure ne pas vouloir entendre parler de testament en sa faveur, mais a fait venir un notaire peu scrupuleux et qui lui est tout dévoué. Elle prétend encore se désintéresser des questions d'argent, mais se fait aussitôt préciser combien Argan cache dans sa chambre (I, 7). Ses réactions à la (fausse) mort de son mari prouvent que par intérêt elle a joué la comédie de l'amour (III, 12).

Posture et jeu chez Argan

À sa façon, Argan joue également la comédie, en ce sens qu'il se prétend malade alors qu'il ne l'est physiquement pas. Il sait à l'occasion se servir de son statut officiel de malade pour obtenir ce qu'il veut. Lui tient-on tête ? Il simule un malaise : « Voilà pour me faire mourir » (I, 5). Est-il à court d'arguments dans le débat qui l'oppose à Béralde ? Il interrompt la conversation : « ne parlons point de cet homme-là [Molière] davantage, car cela m'échauffe la bile, et vous me donneriez mon mal » (III, 3). Avec ses nombreux lavements et sa peur constante de ne pas être suffisamment soigné ou d'être brutalement privé de médecins (III, 6), Argan est à lui seul un spectacle, qui donne et se donne la comédie.

3. DU THÉÂTRE DANS LE THÉÂTRE

Dans le déroulement même de l'intrigue, les personnages assument enfin des fonctions qui sont propres au monde du théâtre. Les uns deviennent régisseurs ou dramaturges, d'autres se font acteurs ou spectateurs et débattent même des comédies de Molière.

Des personnages régisseurs

• Dans un théâtre, le régisseur est chargé de l'organisation matérielle du spectacle. Il ne fait pas tout par lui-même, mais il doit veiller à ce qu'aucun décor, aucun accessoire, aucun éclairage ne manque. Ce rôle de régisseur, Béralde semble l'assumer quand, à propos de la cérémonie finale, il dit à Angélique : « Allons vite préparer toutes choses » (III, 14).
• Le spectateur assiste ensuite à la transformation de la scène en amphithéâtre, au montage des décors : « plusieurs tapissiers viennent préparer la salle et placer des bancs en cadence » (troisième intermède).

Des personnages dramaturges

• Faux maître de musique, Cléante se comporte en véritable auteur de la pastorale qu'il se propose de chanter avec Angélique :

« Voici le sujet de la scène », explique-t-il. En une longue tirade, la plus longue de la pièce, il en improvise les développements et rebondissements.

• Toinette, de son côté, fait preuve d'une belle imagination créatrice :

> « J'avais songé en moi-même que ç'aurait été une bonne affaire de pouvoir introduire ici un médecin à notre poste pour le dégoûter de son Monsieur Purgon, et lui décrier sa conduite. Mais, comme nous n'avons personne en main pour cela, j'ai résolu de jouer un tour de ma tête. »
>
> (III, 2)

Ce « tour » sera son travestissement en médecin. La consultation qu'elle donnera à son maître (III, 8 et 10) est une farce, digne de celles que Molière écrivit au début de sa carrière, le *Médecin volant* (avant 1658) par exemple.

Des personnages acteurs

• Dramaturges occasionnels, ces personnages interprètent leurs propres œuvres et deviennent acteurs. C'est le cas d'Angélique et de Cléante, qui dialoguent en chantant :

> « ANGÉLIQUE. – Oui, Tircis, je vous aime.
> CLÉANTE. – De grâce, encor, Philis.
> ANGÉLIQUE. – Je vous aime. »
>
> (II, 5)

Ces acteurs sont si crédibles qu'Argan les confond avec leurs rôles quand il s'exclame : « Le berger Tircis et un impertinent, et la bergère Philis une impudente, de parler de la sorte devant son père » (II, 5).

• Faute d'avoir trouvé un acteur capable de tenir le rôle d'un faux médecin, c'est Toinette qui l'endosse. Avec le sens du jeu propre aux enfants, la petite Louison feint d'être morte (II, 8). Même Argan, sur la suggestion de Toinette, se prête au jeu de sa fausse mort pour tester les réactions d'abord de Béline (III, 12) puis d'Angélique (III, 14). Il devient enfin l'acteur principal de son élévation au grade de docteur (dernier intermède).

Des personnages spectateurs

Tous, à un moment ou un autre, sont spectateurs des farces et comédies que jouent les autres. En décidant d'assister à la leçon de musique de sa fille, Argan s'installe dans la position du public (II, 2 et 5). Béralde, Argan et Toinette regardent depuis un angle de la scène les danseurs et les singes du deuxième intermède. Béralde est témoin de la consultation du docteur Toinette. Tous, à l'exception de Béline qui s'est enfuie depuis que son hypocrisie a été percée à jour, assistent au sacre médical d'Argan. Comme le remarque Béralde :

> « Tout ceci n'est qu'entre nous. Nous y pouvons aussi prendre chacun un personnage, et nous donner ainsi la comédie les uns aux autres. Le carnaval autorise cela. »
>
> (III, 14).

Personnages, dramaturges, acteurs, spectateurs : chacun endosse à tour de rôle ces différents statuts.

Des références au théâtre de Molière

- Ce passage d'une fonction à une autre est encore plus étonnant dans la conversation entre les deux frères sur les médecins et la médecine (III, 3). Béralde se propose d'emmener Argan voir « quelqu'une des comédies de Molière » (III, 3). Argan s'en scandalise : comment Molière ose-t-il « mettre sur son théâtre des personnes vénérables comme ces messieurs-là [les médecins] ». Béralde prend sa défense : « Que voulez-vous qu'il y mette, que les diverses professions des hommes ? » (III, 3).
- Personnage créé par Molière dramaturge, Béralde expose à Argan, créé et joué par Molière (à la création de la pièce), les motivations de son créateur. À ce niveau d'interférences entre le fictif et le réel, ce n'est plus le théâtre qui s'insère dans la vie, mais la vie qui devient théâtre.

Un schéma pour retenir

Spectacle et comédie

1 Une mise en abyme du spectacle
Diverses formes de spectacle (comédie, farce, danse, chant) s'emboîtent les unes dans les autres comme des poupées russes.

2 La comédie de la vie
La comédie n'est pas seulement sur scène, elle est aussi dans la vie : l'hypocrisie est un jeu et un masque social et Argan joue au malade.

3 Du théâtre dans le théâtre
Les personnages sont tour à tour régisseurs, dramaturges, acteurs, spectateurs.
Ils remplissent tous les métiers et fonctions du théâtre.

TROISIÈME PARTIE

Les Sujets corrigés

SUJET 1

EXPLICATION DE TEXTE

Des comptes d'apothicaire

Expliquez l'extrait ci-dessous, en vous efforçant d'en donner une lecture personnelle.

ARGAN, *SEUL dans sa chambre assis, une table devant lui, compte des parties d'apothicaire avec des jetons. Il fait, parlant à lui-même, les dialogues suivants.* –Trois et deux font cinq, et cinq font dix, et dix font vingt. Trois et deux font cinq. « Plus, du vingt-quatrième, un petit clystère insinuatif, préparatif et rémollient, pour amollir, humecter et rafraîchir les entrailles de Monsieur. » Ce qui me plaît de Monsieur Fleurant, mon apothicaire, c'est que ses parties sont toujours fort civiles : « les entrailles de Monsieur, trente sols. » Oui ; mais, Monsieur Fleurant, ce n'est pas tout que d'être civil, il faut être aussi raisonnable et ne pas écorcher les malades. Trente sols un lavement : Je suis votre serviteur, je vous l'ai déjà dit. Vous ne me les avez mis dans les autres parties qu'à vingt sols, et vingt sols en langage d'apothicaire, c'est-à-dire dix sols ; les voilà, dix sols. « Plus dudit jour, un bon clystère détersif, composé avec catholicon double, rhubarbe, miel rosat et autres, suivant l'ordonnance, pour balayer, laver et nettoyer le bas-ventre de Monsieur, trente sols. » Avec votre permission, dix sols. « Plus, dudit jour, le soir, un julep hépatique, soporatif et somnifère, composé pour faire dormir Monsieur, trente-cinq sols. » Je ne me plains pas de celui-là, car il me fit bien dormir. Dix, quinze, seize et dix-sept sols, six deniers. « Plus, du vingt-cinquième, une bonne médecine purgative et corroborative, composée de casse récente avec séné levantin, et autres, suivant l'ordonnance de Monsieur Purgon pour expulser et évacuer la bile de Monsieur, quatre livres. » Ah ! Monsieur Fleurant, c'est se moquer ; il faut vivre avec les malades.

Le Malade imaginaire, acte I, scène 1

INTRODUCTION

Situation du passage

Le Malade imaginaire débute par ce monologue. Il sert de scène d'exposition, présentant le personnage principal et ses préoccupations. Argan achève l'examen de la facture que son apothicaire, Monsieur Fleurant, lui a dressée pour le mois écoulé.

Présentation du mouvement du texte

Ce monologue s'organise en deux parties, d'inégale importance : les frais médicaux du 24 du mois courant (l. 5 à 24) ; et ceux du 25 (l. 24 à 29). Elles sont précédées d'une didascalie sur la mise en scène et des toutes premières additions d'Argan.

DEVELOPPEMENT

Une ouverture rapide (l. 1-5)

La mise en scène (l. 1-3)

La didascalie initiale campe le décor : une « chambre », donc un lit, une chaise et une table. Argan fait ses comptes avec des « jetons », qu'il place sur une tablette comportant trois rainures.

Un décompte révélateur (l. 3-5)

Les premiers mots d'Argan sont pour faire une addition. Aussi simple qu'elle paraisse, elle renseigne sur le personnage : Argan sait compter, ce qui n'allait pas de soi à l'époque ; il est assez riche pour se faire soigner mais n'en surveille pas moins ses dépenses.

Les frais médicaux du 24 (l. 5-24)

Une lecture commentée d'un lavement (l. 5-10)

Argan lit à voix haute l'intitulé du « petit clystère » que lui a préparé son apothicaire. Cet intitulé est pompeux : le clystère est « insinuatif » (pénétrant), « préparatif » (au fait d'aller au « bassin ») et « rémollient » (adoucissant les matières fécales) – comme, en réalité, tous les lavements. Le rythme de l'intitulé est ternaire : « pour amollir, humecter et rafraîchir » (l. 6-7). Argan apprécie la courtoisie avec laquelle l'apothicaire s'exprime, ses « parties » sont rédigées avec une politesse appuyée : « les entrailles de Monsieur » (l. 9-10).

Un dialogue fictif (l. 10-16)

Argan transforme presque aussitôt son monologue en un dialogue fictif avec son apothicaire, dont il trouve les honoraires excessifs : « Trente sols un lavement » (l. 12). Les apothicaires avaient alors la réputation de surfacturer leurs services. « Je suis votre serviteur » (l. 13), signifiant de manière ironique son refus de payer un tel prix. D'où la diminution d'office à laquelle il procède d'autant facilement que ses précédents lavements ne lui avaient coûté que « vingt sols » chacun.

Un comique de répétition (l. 16-20)

Argan poursuit sa lecture. Le voici à son second lavement : « un bon clystère » (l. 16). On retrouve les mêmes procédés que précédemment : même vocabulaire pharmaceutique (« catholicon double, rhubarbe, miel rosat »), même rythme ternaire, mêmes fonctions (« pour balayer, laver et nettoyer le bas-ventre de Monsieur », l. 18-19) et même diminution d'office. Il s'ensuit un effet comique.

Un bon somnifère (l. 20-24)

Le dernier médicament qu'Argan absorbe ce « vingt-quatrième » jour du mois est un somnifère, dont il se félicite de l'efficacité.

Aussi n'en conteste-t-il pas le prix, bien qu'il soit plus élevé que ceux des lavements.

Les frais médicaux du 25 (l. 24-29)

Une « nouvelle » et coûteuse « médecine purgative » (l. 24-28)

Le lendemain, Argan prend non plus un lavement mais un laxatif dont la nécessité paraît douteuse puisqu'Argan a pris la veille deux lavements. Sa composition révèle son intérêt, non thérapeutique mais financier : fait d'ingrédients exotiques, il coûte fort cher ! La « casse » provient du cassier, un arbuste tropical, et le « séné levantin » vient du Moyen-Orient.

L'indignation d'Argan (l. 28-29)

Son prix, « quatre livres », scandalise Argan, qui, dans un dialogue à nouveau fictif, interpelle directement son apothicaire : « Ah ! Monsieur Fleurant, c'est se moquer » (l. 28-29). Sa formule : « il faut vivre avec les malades » (l. 29) est significative de son état d'esprit. Argan n'imagine pas guérir, on ne sait d'ailleurs pas de quelles maladies, puisqu'à aucun moment il n'a été question de diagnostic.

CONCLUSION

Ce début de monologue révèle un Argan hypocondriaque, uniquement préoccupé de ses traitements et médicaments. C'est un homme réduit à une double fonction : aller aux toilettes et dormir. C'est également un homme crédule, qui ne s'interroge pas sur le bien-fondé de ce qui lui est administré. Comme les personnages naïfs et obsédés par une idée fixe, il est comique.

Ce début de monologue est aussi une réussite théâtrale. Prenant la forme d'un dialogue fictif, il n'en est que plus vivant.

SUJET 2

DISSERTATION

Le spectacle des apparences

La comédie est-elle le lieu privilégié de l'illusion ?
Vous direz ce que vous en pensez, dans un développement argumenté, en vous appuyant sur votre lecture du *Malade imaginaire*, sur les textes que vous avez étudiés dans le cadre du parcours « Spectacle et comédie », et éventuellement sur vos lectures personnelles.

INTRODUCTION

Définition

L'illusion est une apparence dénuée de toute réalité. Elle est un rêve, une image, parfois un leurre, toujours une fiction. Le théâtre est l'un de ses domaines : quoiqu'incarnés par des comédiens, les personnages restent des êtres fictifs ; et, même si la comédie s'inspire de la réalité, l'intrigue est au mieux vraisemblable, jamais réelle.

Problématique et annonce du plan

La comédie serait-elle donc le lieu privilégié de l'illusion ? Celle-ci semble en effet y régner non sans contestation et interrogation, ce qui n'amoindrit pas ses avantages.

DEVELOPPEMENT

Le règne de l'illusion

Une forte présence

Les personnages de la comédie sont souvent des extravagants, des maniaques, des victimes d'une idée fixe. Ils offrent ainsi d'eux-mêmes une image qui ne correspond pas à la réalité.

« Malade imaginaire », Argan se porte comme un charme. Lointain descendant du « soldat fanfaron » du poète latin Plaute, Matamore, dans *L'Illusion comique* (1635) de Corneille, entretient auprès de qui veut l'entendre, sa réputation de guerrier héroïque, qu'il n'est naturellement pas.

Le titre de la comédie de Desmarets de Saint-Sorlin, *Les Visionnaires* (1637), est quant à lui fort explicite. D'acte en acte, la pièce est un défilé de mythomanes, dont Hespérie, qui se croit sincèrement aimée de tous les hommes.

Tous ces personnages ont en commun d'être en représentation permanente. On dirait aujourd'hui qu'ils font leur cinéma. Chez eux l'apparence prime sur toute autre considération.

Le règne des travestissements

À la différence d'un Argan qui se pense réellement malade, d'autres personnages ont conscience d'offrir, par intérêt ou par tactique, une fausse image d'eux-mêmes.

Se déguiser, c'est changer d'identité et offrir aux autres une apparence trompeuse, qui ne correspond à rien. Cléante se travestit en maître de musique, Toinette en faux médecin. Dans *Le Jeu de l'amour et du hasard* (1730) de Marivaux, Silvia prend la place de sa soubrette et Dorante celle de son valet.

Béline, dans *Le Malade imaginaire*, pratique une autre forme de travestissement : celle de l'hypocrisie, qui consiste à singer des sentiments qu'on n'éprouve pas. Épouse prétendument dévouée, elle attend avec impatience la mort d'Argan afin de s'emparer de sa fortune.

Le théâtre dans le théâtre

L'Illusion comique (1635) de Corneille indique dès son titre que le théâtre est le lieu par excellence de l'illusion. L'adjectif « comique » renvoie en effet à l'univers du théâtre (comme on parle de nos jours de la « Comédie Française »).

Pridamant est un père inquiet de n'avoir plus de nouvelles de son fils Clindor. En désespoir de cause, il s'adresse à un mage, dont les pouvoirs quasi surnaturels, lui permettent de voir ce qu'il est advenu de son fils. Celui-ci vient d'être condamné à mort pour meurtre et attend dans sa prison l'heure de son exécution. Désespoir du père, que le mage finit par consoler. Clindor était devenu un comédien professionnel et ce que son père a vu n'est qu'une scène de la tragédie qu'il interprétait. L'illusion a été parfaite et trompeuse.

L'illusion en question

Une dénonciation de l'apparence

Le triomphe de l'illusion s'accompagne presque systématiquement de sa dénonciation. Les extravagants ne sont en effet jamais seuls. Autour d'eux évoluent des personnages (parents, enfants, serviteurs) qui ne sont pas dupes de l'image qu'ils offrent. Toinette et Béralde ne cessent de dire à Argan qu'il n'est pas malade. Clindor ne croit pas une seconde aux prouesses de Matamore, dont il s'amuse. Même dans *Les Visionnaires*, la mythomane Hespérie est dotée d'une sœur fort lucide. Eux sont des personnages sensés qui avertissent le spectateur de ne pas se laisser prendre au mirage de l'apparence.

Les comédies associent ainsi fréquemment les personnages deux par deux : l'extravagant et le raisonnable, le fou et le sage.

Une absence d'illusion

Toutes les comédies ne reposent pas par ailleurs sur ce type de construction. Avec ses danses, ses chants et ses parties musicales, la comédie-ballet ne prétend à rien d'autre qu'à enchanter le spectateur, qu'à lui proposer un spectacle agréable à voir et à entendre.

Pour des raisons différentes, la comédie d'intrigue comme *Le Barbier de Séville* (1775) de Beaumarchais, même si elle recourt aux déguisements, ne cherche pas à jouer sur les apparences : le comte Almaviva ne s'invente pas des prouesses pour éblouir Rosine.

L'anti-théâtre de la seconde moitié du XXe siècle rejette volontiers les artifices de l'illusion. Le « piéton de l'air », dans la pièce d'Eugène Ionesco du même nom, marche effectivement en l'air. C'est une anticipation, à la limite de la science-fiction, mais non une apparence trompeuse.

Les avantages de l'illusion

Une source du comique

Pour que l'illusion fonctionne, il faut que le spectateur sache qu'elle est une illusion, sans quoi il la prend pour la réalité. Dans *L'Illusion comique*, Pridamant, le père de Clindor et notre représentant sur scène, se désespère du sort qui attend son fils parce qu'il ne sait pas encore (et le spectateur pas davantage) que celui-ci est un comédien en train de jouer.

L'écart entre l'apparence et le réel doit donc être perceptible. Si Argan était un malade nullement imaginaire, il susciterait la compassion. C'est parce que nous avons qu'Argan est un faux malade qu'il peut faire rire. Tous les extravagants comme lui (Hespérie, Matamore...) sont des personnages intrinsèquement ridicules, comiques.

Un spectacle dans le spectacle

L'illusion contribue par ailleurs à créer des comédies dans la comédie. Argan est un comédien qui s'ignore et joue en toute bonne foi au malade. Toinette s'improvise docteur, Cléante maître de musique.

Dans *Le Jeu de l'amour et du hasard* (1730) de Marivaux, Silvia endosse le rôle de sa suivante, tandis que Dorante revêt la livrée de son valet. Chacun d'eux donne la comédie à l'autre, tout en ignorant que l'autre lui joue la même comédie. Seuls sont informés de la réalité, sur scène, le père et le frère de Silvia et, dans la salle, les spectateurs, qui ne peuvent que savourer le spectacle que leur offrent les deux amoureux.

Le triomphe de la théâtralité

La théâtralité désigne ce qui est propre au théâtre, ce qui constitue son essence, sa spécificité. Or celle-ci réside essentiellement dans le jeu, dans la mise en scène d'une fiction.

Toute représentation théâtrale est une illusion; et quand cette illusion se démultiplie en une série d'autres illusions, elle touche à la nature même de l'univers théâtral. *Le Malade imaginaire* est une comédie, c'est-à-dire un jeu, qui a pour personnage principal un Argan faussement malade, qui joue donc, même s'il ne s'en rend pas compte. Le dénouement qui le voit devenir un médecin aussi imaginaire que sa maladie est une apothéose de l'illusion.

CONCLUSION

Ballet, comédie d'intrigue, comédie de caractère, la comédie possède des formes trop variées pour se laisser enfermer dans une formule unique. Il n'en reste pas moins qu'elle est souvent – mais pas toujours – le lieu du jeu et de l'illusion. Source du comique, l'illusion consacre le triomphe de la théâtralité.

PAPIER À BASE DE FIBRES CERTIFIÉES

Hatier s'engage pour l'environnement en réduisant l'empreinte carbone de ses livres. Celle de cet exemplaire est de : 300 g éq. CO_2
Rendez-vous sur www.hatier-durable.fr

Achevé d'imprimer par Grafica Veneta à Trebaseleghe - Italie
Dépôt légal : 06374-7/01 - Août 2020